KB190469

미타행자의 수행한담

본연 스님이 들려주는
삶과 정진의 길

미타행자의

수행한담

나를 세우는 공부는
결국 포기하게 되지만,
나를 녹이는 공부는
나날이 행복해집니다.

본연 지음

담앤북스

　이번에 출간된『미타행자의 수행한담』을 포함한 '미타행자 시리즈'는 2003년 봄 은사 스님의 인연으로 제주도 자성원에 내려와 걸망을 풀고 컴퓨터와 인터넷을 배워서 인터넷상에 올렸던 글 중 일부를 모은 것입니다.

　짧게는 제주도에서 보낸 십칠 년의 시간, 길게는 사바세계에서의 육십오 년의 삶과 출가 후 산 너머 물 건너 정진과 울력하면서 보냈던 평범한 수행자의 삶을 반조返照한 글입니다.

보릿고개를 마지막으로 겪은 막둥이 세대로 유난히 질곡桎梏이 많았던 삶, 그러나 돌아보면 이는 발보리심發菩提心의 퇴비였습니다. 세월의 파도를 넘어 지금은 부처님 전에 "나무아미타불" 염불하며 회향할 수 있는 인연에 감사할 뿐입니다.

『미타행자의 수행한담』 읽으시는 분 모두
복과 지혜가 함께하시길.

나무아미타불 관세음보살.

미타행자 본연本然 합장

차
례

1장 언제나 먹고 잠자는 것을 잊고

정진할까요

머리글 _ 4

무주선원 _ 13

행복 _ 17

흙과 더불어 사는 삶 _ 19

선농일치 _ 22

독각승 기질 _ 25

거짓이라도 마음을 지어가는 것 _ 29

생명의 감응 _ 33

그 시절이 있었기에 _ 36

토굴 살이 _ 38

감사합니다 _ 41

행복한 법당 _ 43

삶에는 때가 있다 _ 46

마음을 허공과 같이 _ 49

금생이 마지막이다 _ 51

저먼아이리스 이야기 _ 54

일체중생 _ 56

고난한 정진의 길 _ 58

법공양의 힘 _ 61

오천일기도 회향 _ 64

2장 무소의 뽈처럼
진흙에 더럽혀지지 않는 연꽃처럼,

독고다이 _ 69

수행이란 _ 72

인연의 이치 _ 75

헌신 _ 78

힘겨운 시간이 있었기에 _ 80

의미 있게 아껴 쓸 것 _ 84

나이가 들수록 조심히 _ 87

한 생각 _ 89

관상 수행 _ 91

졸부 수행자 _ 94

심상 _ 97

한 호흡 _ 100

사바세계에서 속지 않으려면 _ 102

나무아미타불 하는 인연 _ 106

출가하는 인연 _ 109

신심 제일 스님 _ 112

맑고 행복한 공부 _ 116

인연 _ 118

무소의 뽈처럼 혼자 가는 길 _ 121

나무아미타불 _ 124

3장

행복하게 합니다

자비심이 나와 이웃을

12월 _ 129

불쌍한 중생들 _ 132

정성이 도입니다 _ 136

어디 간들 즐겁지 않으리오 _ 138

책 _ 141

오래오래 하셔야 합니다 _ 144

노후 대책 _ 146

마음 _ 149

청화 큰스님 _ 151

다례재 _ 154

새벽의 감사 _ 157

서로를 위하여 _ 159

관세음보살 _ 162

태어난 날보다 더 중요한 날 _ 164

기도 _ 167

나를 비우는 것 _ 169

망상 하나, 망상 둘 _ 171

배고픔 속의 신심 _ 175

새벽 정진 _ 177

명절날 _ 180

마음 안에서 행복 찾기 _ 183

4장
거두어주겠습니다
일체중생의 모든 고통을 제가 다

법회선열 _ 189

박복한 삶 _ 191

자업자득 _ 193

연꽃의 무상 _ 196

자비심과 헌신 _ 198

청정한 행복 누리시기를 _ 200

자비관 _ 202

마음 베풀기 _ 205

서원을 세우다 _ 207

염념상속 _ 210

스스로 깨닫는 공부 _ 213

보리심을 향해 _ 216

한고비 넘기며 나무아미타불 _ 219

불보살의 마음 _ 221

정혜쌍수 _ 223

금강심론 이야기 _ 226

청복 _ 230

정토와 자성미타 _ 233

대원 _ 237

1장

언제나

—

먹고 잠자는 것을 잊고

—

정진할까요

저는 꽃동산에 잠시 머무르는 비구승입니다.
민들레 씨앗처럼 바람에 날리어 떨어진 곳,
콘크리트 틈새에 뿌리박고 살다가
인연이 다하면 바람에 날려 떠나듯,
평생을 민들레 씨앗처럼 살아온 삶.
하루라도 법法답게 살다가 인연이 다하면 가는 것이지요.

　문득 방에서 창문을 통하여 바라본 무주선원無住禪苑이 참 아름
답다는 생각이 듭니다. 연못이 보이고 연못 너머로 모란꽃이 피고
그 뒤로는 모과꽃이 한창입니다. 이제는 까탈스러운 주인장 맘에
들 정도로 도량이 발전했습니다.

　2003년 큰스님과의 인연으로 제주 자성원에 내려와서 환상적인
자연환경과 날씨를 보고 '이 좋은 곳에 여법한 수행 도량 하나 만들
자'고 한 생각이 현재의 무주선원이 된 것입니다. 이 자리에 터 잡

기까지의 이야기는 책으로 한 권은 나올 테지만, 아무튼 땅을 보러 백 군데도 더 다닌 것 같습니다. 부처님 모시는 법당을 세우기까지 사연도 많고 또 무수한 인연으로 이루어졌습니다.

2012년 가을, 개원 당시에는 천여 평 흙먼지 날리는 땅에 오십 평짜리 건물만 덩그러니 서 있었지요. 혼자서 삽과 괭이를 가지고 잔디도 깔고 어린나무들도 심고, 굴착기 불러 손수 돌을 놓으며 동산을 가꿨습니다.

나무는 심어놓고 끝나는 것이 아니라 거름을 주면서 가꿔야 합니다. 그동안 시행착오를 겪으며 죽은 아이들도 있지만, 아무튼 제가 보아도 이런 일은 이 본연 스님만이 할 수 있는 것 같습니다.

팔 년의 울력 끝에 주인장이 그리던 그림대로 극락도량은 이루어졌습니다. 입구 돌에 새긴 '무주선원' 이름 위에 핀 능소화는 올해 더욱 아름다운 자태를 보이며 방문하는 분들이 미소를 머금게 할 것이고, 멀구슬나무, 자귀나무의 꽃도 여름을 장식할 것입니다. 비파나무, 구지뽕나무, 무화과, 살구, 러시아 오가피나무 등의 열매는 새들의 잔칫상이고, 또 노루, 꿩, 그리고 이름 모를 새들의 천국입니다.

염불과 각종 꽃나무로 극락도량은 이루었으나 신도가 모이는 것은 주인장의 인연에 따릅니다. 제주에 자연 인연은 있어도 사람 인연은 없다는 생각이 들지만, 그래도 도량 자락과 연결되는 항몽 유적지의 토성을 바라보며 뭔 인연이 있어서 터 잡고 살겠거니 하는 생각도 해봅니다.

척박한 곳에서 살아보니 승복 입은 사문에게는 '스님'이란 호칭 만도 대단한 선근이고 더 나아가 "나무아미타불" 염불하는 인연은 극락세계와 이어진 귀한 인연이며, 한자리에 모여서 염불하는 인연은 극락세계를 현현하는 회유한 인연이라 생각합니다.

무주無住는 무상無常과 같은 말입니다. 제 명함에는 꽃동산의 주인이 아니라 원주苑住 본연本然을 넣었습니다. 저는 꽃동산에 잠시 머무르는 비구승입니다. 민들레 씨앗처럼 바람에 날리어 떨어진 곳, 콘크리트 틈새에 뿌리박고 살다가 인연이 다하면 바람에 날려 떠나듯, 평생을 민들레 씨앗처럼 살아온 삶. 하루라도 법法답게 살다가 인연이 다하면 가는 것이지요.

안 죽는 사람 있겠습니까. 갈 때가 가까워져도 재물과 이름에 헐떡이며 살다가 저승사자의 호출에 황망히 가는 것이 아니라 준비했다가 가야지요.

마지막 사바세계 회향은 작은 토굴에서 "나무아미타불" 하다 하직하고 싶은 원願이 있는데, 그 원이 이루어질 것인지는 부처님만이 아실 것입니다.

"나무아미타불" 염불 인연은 가장 큰 인연, 일대사 一大事 인연입니다. 일대사 인연 잘 호념護念하시어 극락왕생하시길 기원합니다.

오후 7시 저녁 기도를 마지막으로 공식적인 일과는 끝납니다.

남은 것은 잠들기 전 염불뿐.

뒷정리하고 법당을 나오는 마음에 행복이 밀려옵니다.

새벽 정진 오전 정진 오후 울력 저녁 기도 하루 일과 원만 회향.

춥지도 덥지도 않은 날씨.

도량에 수국꽃 파티는 시작되었고 입구의 능소화도

언제나 먹고 잠자는 것을 잊고 정진할까요

무주선원을 방문하는 분을 위해 꽃을 드리웠습니다.
목마른 꽃나무 아이들은 모두 만족스럽게 물을 마셨고
하늘을 오가는 새들도 목욕하고
목을 축이고 배도 충분히 채웠습니다.
귤나무 아래에서 알을 품는 꿩도 주인장과 함께 염불하며
일과를 원만히 보냈습니다.

평화로운 무주선원 저녁.
행복은 마음 밖에 있는 것이 아닙니다.
행복은 도량 밖에 있는 것이 아닙니다.

진정한 행복은 마음속에 연민심이 채워질 적에 있습니다.

흙
과
더
불
어
사
는
삶

2003년 처음 내려올 적만 해도 제주는 한가한 곳이었습니다. 지금은 땅값도 많이 오르고 차도 많고 건물도 많아 복잡해졌지만 그래도 미세 먼지 걱정 없고 겨울에는 따뜻하여 수행하기 참 좋은 곳입니다.

이 자연환경 좋은 곳에서 여법한 수행 도량 가꾸자고 원력 세우고 애쓴 지가 십 년이 넘었어도 아직 토굴 수준인 것은 사실이나, 혼자 살아도 가풍으로 삼은 것이 '선농일치禪農一致'입니다. 남방불교

문화는 탁발 문화인데 북방으로 올라오면서 백장 스님의 '일일불작 일일불식一日不作 一日不食'이라는 자급자족 문화가 형성되었습니다.

어느 글에서 본 청규淸規에 도량에 과실나무를 심으라는 권고 조항이 있는 것을 보았고, 옛 도량에 유난히 감나무가 많은 것을 봅니다. 예전에는 감이 좋은 식량이었다고 합니다. 월인 노스님 인터뷰 기사를 보니, 폐허가 된 월명암에 오시어 '감나무가 많아 식량은 되겠다'고 생각하시고 상주하셨다고 합니다. 어른 스님들 세대까지만 해도 시주는 귀했으니 절에서 농사지어 자급자족하고, 그 속에서 정진하여 대각을 이루신 분들이 나온 것입니다

지금은 수행자가 식량을 걱정하는 시대는 아니지만 무주선원을 개원하면서 도량에 텃밭도 만들고 과실수도 심었습니다. 심어놓은 지 오 년이 지난 2017년에 처음으로 매실을 따서 매실청도 담그고 대봉감도 수확하여 신도님들께 나눠드리고 하귤과 댕이주도 제법 수확하였습니다.

도량에 과실수를 심어서 좋은 점은 풍성하다는 것입니다. 원래 큰 단감나무 세 그루와 귤나무는 있었지만, 가을부터 많은 과실을 수확하여 보시할 수 있어 즐겁습니다. 작년에도 단감을 이십여 박스 따가지고 인연 있는 분에게 보내드리고 귤도 보내드렸지요.

또 하나의 즐거움은 맛이 좋다는 것입니다. 우리 단감을 먹고부

터는 마트에서 사오는 단감은 손이 안갑니다. 도량에서 염불 소리 들어가며 자라서 그런지 텃밭에서 수확하는 것이나 과실수나 그리 신경 안 써도 맛있고, 이 맛있는 것 보시할 수 있어 좋고 울력하여 건강하니 다 좋은 것 같습니다.

적당한 노동과 수행, 최소한의 먹거리 생산은 이상적인 도량이지만 현실 속에서 노동과 수행을 겸비할 만한 분들은 그리 흔하지가 않습니다.

한자리에 모여 화합하며 정진하고 함께 울력하는 인연은 더욱 희유한 인연이고 선농일치는 옛날이야기가 되었지만 흙과 더불어 사는 것이 가장 인간답게 사는 것이기에 혼자라도 정진하며 노동하여 자신도 가꾸고 도량도 가꿉니다.

겨울에 처음으로 비파꽃이 많이 피였습니다. 6월에 수확한다고 하는데 기대가 되고 봄부터 도량을 장엄하는 꽃나무들이 기다려집니다.

선농일치

수월 스님께서 한때 구례 화엄사 산내 암자에 머무르신 적이 있는 모양입니다. 화엄사 행자 시절 친견했다는 어른 스님께서 말씀하시길, 수월 스님의 모습은 영락없는 머슴 같고 손도 무척 거칠었다고 합니다. 도인道人이라길래 기대를 많이 했는데 그 모습을 보고 속으로 실망했다고 하시더군요.

사실 수월 스님은 입으로는 대비주를 염송하시면서 일만 하면서 대도大道를 성취하신 것으로 유명합니다. 만주 시절에는 밤새도록 대비주를 염송하면서 짚신을 삼고, 그 짚신을 아침에는 길 가는 사람들 신으라고 길에 전부 걸어두었다고 합니다.

『미타행자의 편지』에 등장하는 제천 무암사 노스님께서도 늘 농사만 지으며 사셨다고 하는데 이 모습을 보고 어느 날 신장이 감복하여 밭에서 일하는 스님께 "스님, 가실 때가 되었는데 그만 하세요" 했다는 것 아닙니까? 옛 어른 스님들은 선농일치 수행과 노동을 함께하면서 도道를 성취했습니다. 이런 선농일치 전통은 근래까지 내려왔는데, 송광사에서 울력 목탁을 치면 당시 구산九山 방장 스님께서 가장 먼저 나오셨다고 합니다. 절에서 울력 목탁을 치면 송장도 일어나 나온다는 말이 있습니다.

이제는 우리나라도 1인당 GDP가 삼만 달러가 넘는다고 합니다. 제가 생각한 GDP삼만 달러 시대의 특징은 안이고 밖이고 힘든 일하는 것을 싫어하고 할 줄도 모르고 하려고 하지도 않는다는 것입니다.

절집도 선농일치는 다 옛날이야기가 되었고 이제는 출가자도 적습니다. 그나마 편한 서울, 대도시에서나 살려고 하지 불편한 시골 절에서는 살려고 하지 않습니다.

시골 절에서는 울력이 필수입니다. 마당의 풀도 뽑아야 하고 텃밭도 일궈야 하고, 무엇이든 고장이 나면 손수 해결하여야 하지요.

이런 것이 다 행선行禪, 마음을 다독거리는 것이고 마음을 쉬게 하는 것인데 객스님이 사흘 있다 가시면서 "요즘 스님같이 사는 분이 어디 있습니까?"라고 말하며 놀랍니다.

풀 한 포기 없는 도량에서 밖으로만 돌면서 사는 것이야말로 저로서는 신기하고, 그런 곳에서 마음이 편하겠나 싶지만 도시화가 세계적 추세이니 도시에도 스님이 있어야겠지요.

적당한 노동에 흙을 만지고 사는 것이 인간답게 사는 것이라 생각합니다. 법당에서 정진도 하고 마당에 나와서 풀도 뽑고 꽃모종도 만들어 오가는 분 분양도 해드리며 살고 있습니다. 시주금은 아껴 쓰고 남은 것은 책을 만들어 법공양하니 더할 나위 없는 것 같습니다. 각자들의 인연을 따라 정진하는 것이지요.

아무튼 일부 사회학자들도 농업사회가 건강한 사회라고 말합니다.

독각승 기질

예전에 애월읍 고내봉이라는 곳에서 이 년 반 정도를 살았습니다. 한 십 년 전쯤의 일입니다. 고내봉 무수한 무덤 가운데 농막이 있었고 이 농막 소유주가 사람이 살게끔 수리한 뒤 일 년 정도 살다가 떠난 집입니다.

집세가 없는 대신 잡풀이 허리까지 차는 것을 다 걷어내 수리했고, 일곱 평짜리 방 두 개 중 하나는 법당으로, 나머지 하나는 다각실 겸 잠자는 방으로 사용했는데, 전체 땅 평수가 백칠십 평이라고 하던가, 아무튼 이 년 반 동안 「세상에 이런 일이」라는 TV 프로그램에도 소개되는 등 참 재미나게 살았습니다.

토굴답게 법당에는 관세음보살 사진만 하나 걸어놓고 사시 마지는 어시발우에 담아 공양 올리며 법회도 없고 초파일 행사도 없고, 그저 기도와 정진만 하고 지냈습니다.

새벽에 도량석 하러 나오면 무덤에 영가靈駕들이 합장하고 기다리는 것을 느끼며 오전을 정진으로 보내고, 점심 공양 마치고 등산화를 신고 속으로 '신묘장구대다라니 나모라······' 하면서 한 시간 정도 고내봉 둘레길을 돌아 들어올 때까지 끊지 않았습니다. 오후는 자유 정진 시간인데, 울력이야 보름에 한 번 예초기 돌리면 그만이라 그때 카페에 자료를 가장 많이 올린 것 같습니다.

떠날 인연이 되어 그런지 소유주는 다른 이에게 땅을 팔았고, 제주도에 도량 하나 세우려는 마음을 포기하고 다시 육지로 나왔습니다. 마지막 기도 회향하는 날 일곱 평짜리 법당에 가사를 수한 많은 비구 스님들이 동참하는 꿈도 현몽했는데, 정성만 있으면 형상하고는 상관없이 감응하는 것 같습니다.

아무튼 질긴 인연으로 제주에 다시 내려왔고 무주선원을 어렵게 불사하여 현재에 이르지만 변한 것은 없습니다. 일곱 평 작은 방에서 부처님 사진 걸어놓고 기도할 적에도 손수 마지 지어 올리며 혼자서 기도했듯이, 지금의 스무 평 법당에 나름 여법이 부처님 모시고 기도하여도 손수 마지 지어 올리며 모든 것을 혼자 하는 것입니다.

그동안 법회에 공을 많이 들였지만 한 달에 한 번, 열 분 정도를 법회에 인도하는 것이 끝이고 도량이 천여 평이 되다 보니 제초 울력은 끝이 없습니다. 그래도 고마운 것이 재정은 고내봉 토굴 시절보다 나아져 법공양을 많이 했고 특히 그 어려운 『금강심론』 시리즈 다섯 권을 열 번 넘게 교정해서 법공양 출판한 것이 큰 보람입니다.

손수 공양 지어 해결하는 인연은 앞으로 아마 죽을 때까지 갈 것 같습니다. 일식一食 일찬一饌이라도 손수 지어 먹는 공양이 가장 깨끗한 공양입니다.

남의 손에 의지해서 공양을 해결하려면 밖이나 안이나 정치가 필요한 것이고 정치에는 권모술수가 들어가고 다 그런 것 아닙니까? 홀로 사는 것도 팔자라면 팔자고 기질이라면 기질입니다. 원래 타고나기를 직선적인데, 이런 기질은 정진할 힘은 있으나 대중처소에서는 못 견디는 독각승獨覺僧 팔자입니다.

그동안의 염불 공덕으로 많이 부드러워졌다고는 하나 온전히 다 뽑힌 것이 아니라 온화한 얼굴에 부드러운 말을 그림은 그리는데 생각같이 쉽지는 않습니다. '고내봉 시절처럼 살아야 하는데……'

하는 서운한 생각도 있지만 여기서도 나름 이룬 것이 있고 다듬은
것이 있기에 불만은 없습니다.

결국은 다 혼자 살다 혼자 가는 것 아니겠습니까?

처사 시절부터 늘 암송하던 부처님의 육성법문을 외워봅니다.

소리에 놀라지 않는 사자처럼

그물에 걸리지 않는 바람처럼

진흙에 더럽혀지지 않는 연꽃처럼

무소의 뿔처럼 혼자서 가라.

-『숫타니파타』

지어가는 것 거짓이라도 마음을

무주선원에 부처님은 관세음보살 한 분뿐입니다. 관세음보살님이 아미타불을 정대하고 아미타불의 무량공덕을 찬탄하면서 천 개의 눈과 손으로 일체중생의 고통을 거두어주셨듯이 저 또한 관세음보살님과 같은 삶을 살고자 관세음보살님을 모시고 정진하며 삽니다.

염불할 적에는 무량광불, 무량수불 밑도 끝도 없는 마음의 빛을 온 누리에 방사하면서 나무아미타불의 무량공덕을 찬탄합니다. 좌선할 적에는 관세음보살님과 같은 마음으로 들숨에 온 우주를 끌어 안으며 일체중생의 고통을 다 거두어주겠다는 서원을 세우고, 날숨에는 무량한 마음의 빛을 방사합니다.

금타金陀 대화상의 법문 가운데 전파가 미치는 거리가 있고, 그 전파보다 더 멀리 가는 것이 식력識力이며 식력보다 더 멀리 가는 것이 혜력慧力이라는 지혜의 힘이며, 지혜만이 삼천대천세계를 다 포옹할 수 있다는 말이 있습니다.

가관적假觀的 수행이 비록 거짓이라도 이렇게 마음을 지어나가면 증험적證驗的 수행이 되어 결국에는 증명證明이 된다는 것입니다. 다만 가관적 수행에서 증험적 수행까지 걸리는 시간이 다겁생이기에 시작은 있는데 끝이 없는 공부입니다.

금생은 전생의 그림자입니다. 전생의 그림자에서 벗어난다고 해봐야 데이비드 호킨스 박사의 이론에 따르면 5퍼센트입니다. 전생에 실낱같은 인연이라도 있어야 절집에 오고 "나무아미타불" 한 번이라도 할 수 있습니다. 부처님 공부가 희유稀有한 전생의 원력이 아니면 불가하다는 뜻입니다. 전생에 실낱같은 원력이 있어 금생에 마음이 일어나 가관적 수행이라도 하는 것이지요.

탱화를 처음에 배우러 가면 스승이 그린 그림을 밑에 놓고 그대로 복사하는 연습을 이천 장 한다고 합니다. 그다음에야 비로소

밑의 그림을 빼고 자기만의 색채로 그려나갈 수 있다고 하는데 이 천 장 베끼는 것이 무척 힘들어서 통과한 사람이 몇 안 된다는 이 야기를 들었습니다.

수행도 같은 맥락입니다. 처음 발심하여서는 스승의 가르침을 익히고 경전을 열람하고 두루 만행을 통하여 자기 것으로 소화한 뒤 원력을 세워 무소의 뿔처럼 혼자서 가야 합니다.

일체중생의 고통을 마음으로 끌어안고 마음의 빛으로 정화하는 자비관 수행법은 나만의 수행법입니다. 전생에서 그렇게 살았기에 전생의 원력대로, 습관대로 합니다. 각자의 전생 인연이 다르기에 시비할 것도 없고 제 수행이 제일이라고 할 생각도 없습니다. 다만 계戒정定혜慧 삼학과 보리심을 바탕에 둔다면 대승大乘입니다. 각자 처음에는 스승, 도반에 의지하여 일어나지만 마지막은 홀로서기 하는 것입니다.

간혹 제 글을 보는 분들께서 따라 하고 싶어도 일체중생의 고통을 다 거두면 자신이 병이 날 것 같아 두려워 못 하겠다고 하십니다. 잠재의식, 깊은 의식 속에 두려운 마음이 존재하고 그 망상을 뽑아내야 일체중생이 그물코에 걸리듯 다 엮이는 것입니다. 중생은 누구나 관세음보살님과 똑같은 능력과 성품이 있으나 다만 망상에 가려져 있을 뿐입니다.

자비관 수행에 마음을 내신다면 작은 그릇부터 시작하면 됩니다. 인욕과 원력을 가지고 가족 구성원부터 시작하여 연민하는 마음을 키워나가 직장으로, 사회로, 대한민국으로, 지구로, 우주로 점점 범위를 넓혀나가는 것입니다. 보이지 않는 마음을 확장해 벽을 허물어나가면 그만큼 마음의 여유와 행복을 느낄 수 있습니다.

사바세계에 아미타불(빛)로 왔다가 아미타불(빛)로 가는 것입니다. 빛의 실체는 자비심이며 관세음보살입니다.

무주선원은 주인장의 마음이며, 주인장이 가꾸는 극락세계입니다. 아직 널뛰는 마음과 몸이기에 법당에서 정진하다가도 부대끼면 마당에 나와 검질매며*, 찾아오는 이 있으면 차 한잔 대접하고 전하고 싶은 것이 있으면 카페에 글 올리며 그렇게 몸과 마음을 달래가면서 거짓이라도 마음을 지어갑니다.

* '김매다'의 제주 방언

생명의 감응

따뜻한 남쪽 나라 제주도 무주선원 도량에도 봄의 축제는 시작
됩니다. 겨우내 움츠렸다가 날씨가 풀리고 해도 길어지면서 하루
하루가 다르게 올라오는 도량의 꽃, 새순과 눈을 맞추는 것이 봄의
즐거움입니다. 하루에도 몇 번씩 법당을 나와 한 바퀴 돌아보고, 또
잠시 앉아 있다 들어가고, 컴퓨터로 피로해진 눈을 좀 쉬러 나와서
도 봅니다. 개원해서 심은 지 칠 년, 그 세월 동안 다들 자리 잡아
꽃과 열매로 보답하니 주인장의 마음이 즐겁습니다.

꽃과 나무로 극락도량을 이루겠다는 꿈은 이루고 나니 혼자 보기 아깝다는 생각도 듭니다. 현재는 금잔옥대 수선화도 만개해서 여여如如하고 황매화 네 그루가 흐드러지게 피었으며 꽃향기가 천리를 간다는 천리향도 피기 시작했습니다. 도량이 작년보다 더욱 화려합니다.

식물에게 가장 좋은 거름은 주인장 신발에서 떨어지는 흙이고, 식물이 가장 좋아하는 소리는 주인장의 발소리라고 합니다. 사람만 사랑을 먹고 자라는 것이 아니라 짐승도 식물도 주인장의 사랑을 먹고 건강하게 자라는 것입니다.

처사 시절 천육백 평의 꽃 농장을 운영하며 저녁 일과가 끝난 후 농장을 한 바퀴 돌면서 꽃들과 일일이 눈 맞추면서 인사하고, 아침에 일찍 일어나 또 농장을 한 바퀴 돌면서 꽃들과 하나하나 눈 맞추며 인사했지요. 자비관의 노하우는 그 시절부터 쌓았던 것입니다.

생명이 있는 모든 존재는 일체중생을 위해서 일으키는 마음, 자비심, 사랑에 감응합니다. 식물을 이십여 년 가꾸어본 결론입니다. 진실한 자비심, 또한 거짓 자비심이 무수한 반복된 끝에 이런 결론이 나왔습니다.

삼독심三毒心의 근본인 이기심을 지니고 수행한다고 해봐야 남는 것은 병고病苦뿐입니다. 밖에서 헐떡거리며 찾을 것 없습니다. 삼독심을 녹이는 수행이 자비관이며 자비관 수행이 자신을 건강하고 행복하게 하며 생명이 있는 모든 존재를 행복으로 이끌 수 있습니다. 부처님께서도 자비관 수행을 거룩한 삶이라고 했습니다.

아, 그러나 누가 변방의 그렇고 그런 비구승의 말을 듣겠습니까.

그
시절이
있었기에

가난한 시절이 있었기에 현재가 행복합니다.
가난하여도 비굴함에 물들지 않았기에 더욱 행복합니다.

어렵고 힘들고 억울한 시절이 있었기에 현재가 행복합니다.
어렵고 힘들고 억울한 시절, 분노에 물들지 않고
잘 극복하여 회향할 수 있었기에 더욱 행복합니다.

부처님 법을 만났기에 행복합니다.
부처님 법을 만나서 용서와 연민을 익히어
더욱 행복합니다.

토
굴
살
이

무주선원의 변함없는 일과, 반복되는 일과.

새벽 3시 10분에 자리를 털고 일어나 저녁 9시까지 홀로 법당과 마당을 오가며 지내고 있습니다. 무주선원은 어렵게 암자급으로 불사해놓았지만 오시는 분이 없다 보니 토굴이 되었습니다. 육지에서 자리를 폈으면 이 정도까지는 아닐 것 같다는 생각도 들지만 현실을 받아들여 한 달에 한 번 법회를 열고, 어쩌다 오시는 분께 차 한잔 대접해드리며 울력도 정진이다 생각하며 하루를 보냅니다. 한자리에 모여 정진한다는 것이 참 대단한 인연이고 회유한 일입니다.

말은 쉬워도 혼자 정진하며 '토굴 살이' 하는 것은 아무나 할 수 있는 일이 아닙니다. 토굴 살이를 하려면 첫 번째로 부지런해야 합니다. 보통 부지런해서는 안 되고 최상급으로 부지런해야 합니다.

두 번째는 무엇이든 손수 다 할 줄 알아야 합니다. 현장 잡부는 기본이고 행자, 공양주부터 조실까지 모든 역할을 혼자 감당해야 합니다.

세 번째로는 정진에 재미를 붙여야 합니다. 출가 사문이 삶을 반조하는 수행을 하지 않으면 건달이 되는 것이지요. 특히 토굴에서 정진하지 않으면 그냥 산적이 되는 것입니다. 이 모든 것을 회향하는 강인한 의지가 있어야 합니다.

마지막으로 조건을 다 갖추어서 토굴 살이 하시는 분들은 흔치 않습니다. 대부분 몇 년 버티다 대중처소로 들어가든지, 아니면 그냥 그렇게 살든지 하는데 저는 어린 시절부터 야전에서 잡초처럼 살아온 공덕으로 하루하루를 원만 회향하면서 잘 지내고 있습니다. 제가 보아도 성격이 많이 회석되었다고는 하지만 딱! 딱! 부러지는 기질은 대중처소에서 사는 것보다는 힘들더라도 이렇게 온몸으로 때우며 사는 것이 편합니다. 게다가 정진과 약간의 노동은 몸과 마음을 건강하게 합니다.

눈앞에 펼쳐지는 모든 현상은 주인장의 인연이며, 전생의 연이 있으니 이렇게 독각승으로 사는 것인데, 어떻게 보면 이 삶은 최상의 복입니다. 사바세계 어디에서도 구부림 없이, 무주선원 울타리 안에서 극락세계 가꾸며 나답게 정진하고 사는 것에 만족합니다.

노후 대책은 '마음 비우는 것'이고 잔병에 걸리면 고치면 되고, 큰 병이 나면 죽으면 되니 남은 것은 정진뿐이다. 이렇게 정리해버리면 아무런 고민이 없습니다.

은사 스님께서 법문에 이르시길, 인연 있는 어떤 스님께서 보내신 편지에 관세음보살을 염하기에는 한 생이 너무 짧다고 적혀 있었다고 합니다.

문경에 있는 도반의 절에서 작은 능소화를 얻어다 무주선원 이름이 새겨진 돌에 기대어 심었는데, 칠 년이라는 세월이 지난 작년에서야 제법 어우러졌습니다. 하나의 꽃나무도 자세 잡는 데 칠 년이라는 세월이 걸렸는데 우리가 중생의 때를 벗는 데는 얼마나 오랜 세월이 걸리겠습니까?

다만 쉼 없이 지어갈 뿐입니다.

감
사
합
니
다

매일 새벽에 일어날 수 있는 자신에게 감사합니다.

일어나 다리를 포개고 허리를 곧추세우며
들숨과 날숨만으로도 행복을 느끼는 자신에게 감사합니다.

정성껏 칭념稱念하는 "나무아미타불" 염불 속에서
행복을 느끼는 자신에게 감사합니다.

흙을 만지며 도량에 잡풀을 제거하고 꽃나무를
가꾸면서 행복감을 느끼는 자신에게 감사합니다.

산을 넘어 물을 건너다니며
비바람을 묵묵히 견디어오면서
말년에 망상 없이 정진으로
회향할 수 있는 삶에 감사합니다.

행복한 법당

"본연 스님은 제주도에 별장 같은 절을 지어놓고 산다"는 말도 들리고 "법당에 상호가 원만한 관세음보살 모시고 행복하게 사시는 스님이 있다"라는 소문도 있어 확인하려 육지에서 방문하시는 분도 간혹 계십니다.

다 맞는 말입니다. 전통적인 법당, 요사채를 못 지을 바에는 아예 깔끔하게 콘크리트로 짓자고 생각하여 올린 법당에는 원불 한분, 후덕한 관세음보살님만 모셨고 벽체는 관세음보살님의 상징인

흰 페인트를 칠하고 지붕은 조계종의 가사 색인 붉은 기와를 올렸습니다. 마당에 심은 갖가지 꽃나무와 잔디, 푸른 하늘이 잘 어울리는 별장형 암자입니다.

천여 평 되는 도량. 처음 세울 적에는 생각이 많았지만, 하나하나 떨어져나가 이제는 다 내려놓고 "밥이나 먹으면서 검질매며 정진이나 하자" 하니 절로 행복해집니다.

생각해보니 행복의 조건은 '나의 잣대로 남을 재지 않는 것'입니다. 밖에서도 그랬지만 초심 시절 신심과 정의감 때문에 출가 사문답지 않은 사문을 보면 진심嗔心이 올라왔는데, 나이 탓인지 도道덕인지 그들을 이해하고 더 나아가 연민하는 마음이 일어나 마음이 평온해지고 행복해지는 것입니다.

나의 잣대로 남을 재지 않는 행복의 원리를 깨닫는 데는 오랜 세월이 필요한 것 같습니다. 그렇다고 지금 온전히 이런 업을 다 녹였다고 생각하지는 않지만, 원칙을 세우고 일어나 언제나 반조합니다.

부처님 공부는 숙연宿緣이 아니면 불가不可합니다. 다들 출가할 당시는 대도大道를 이루겠다고 왔으나 세월이 가면서 낙오하기 시작하여 대도를 접게 된 끝에 마지막까지 수행에 애정을 가지고 정진하는 분이 드물게 된 것은 사실입니다. 특히 요즘같이 물질적으로 풍요한 세상에는 전생에 인연이 아무리 깊다고 해도 안이나 밖이나 퇴굴심 내기 좋은 시대이며, 저 자신도 박복한 인연을 알면서도 금생에 일보 전진하기가 그렇게 힘듭니다.

나 자신도 그러니 이제는 남 볼 것은 없다는 생각이 듭니다. 유가儒家 옛글에 "자식에게 책을 물려주면 책을 보겠느냐, 집을 물려주면 집을 지키겠느냐. 나는 오직 음덕陰德만 쌓겠다"고 하는 글이 있습니다. 절집으로 해석하면 "상좌에 헐떡거릴 것 없고 불사에 헐떡거릴 것 없고 정진이나 하자"는 것과 같은 말입니다.

정진해서 얻는 행복, 법희선열法喜禪悅만큼 맑고 순수한 행복한 것은 없습니다.

사바세계에서 매일 보여주지 않습니까.

권력에서 얻는 행복의 무상함과 재물에서 얻는 행복의 무상함을.

삶에는 때가 있다

2020년 10월 21일은 무주선원 개원한 지 만 칠 년 된 날입니다.

그동안 썼던 '미타행자의 편지'를 모아 블로그 북으로 만들면서 대충 읽어보니 2003년 제주도에 자성원 주지 소임으로 내려와 도량 한 번 세우겠다고 마음고생한 이야기가 그대로 일기처럼 정리되어 있습니다.

제주도에서 두 번이나 나갔다가 질긴 인연으로 돌아와 어떻게 이 자리에 터를 잡고 팔 년이란 세월을 보냈습니다. 주인장의 살림살이는 풍성해진 것 같지 않은데 심은 나무들은 무심하게 커서 풍성하게 열매를 맺으며 밥값을 하고 있습니다.

　돌아보면 삶에 다 때가 있는 것 같습니다. '노력과 정성은 기본이고 성취는 때가 있는데' 그 당시에는 잘 모르니 좌충우돌, 투정 부리며 사는 것입니다.

　애월 고내봉 시절, 2010년 유수암에 땅 사백오십 평을 통장을 털어 매입하고 건물 세울 여력이 없어 이 년 반을 기다리다 이천만 원 손해 보고 정리해서 육지로 나갔지요. 그 당시 이천만 원이나 손해 본 사람이 제주에 다시 올 생각이 있었겠습니까? 그런데 또 어찌어찌 엮여서 잠시 내려온 차에 이 자리가 나와 무주선원 도량이 되었습니다.

　때가 되었는지 이 땅을 매입하고서는 고비마다 일이 풀리어 결국은 은행 융자로 해결되었고 오 년 만에 은행 융자까지 다 정리했습니다. 그리하여 무주선원의 본래 원顯이었던, 인터넷으로 청화 큰스님의 법향을 정리하고 도량을 열어서 큰스님 법을 따라 여법정진하며 큰스님의 법향을 법공양으로 회향하겠다는 목적은 현실화했습니다.

　모든 현상이 자기 업에 따른 현상이고 지은 대로 받는 것입니다. 척박한 곳에서 힘은 들어도 자신이 선택한 길이기에 모든 것을 받아들이고 수용하는 것이 순리라고 생각합니다. 예전에는 큰일만 인연이다 생각했는데 지금은 아주 작은 일도 인연이라 생각합니다.

그동안 수없이 많은 산과 물을 넘어 다니며 인생을 통틀어 한 곳에서 육 년 이상 살았던 곳이 없는데, 역마驛馬의 운명이 여기서 끝나려는지 또 다음이 있는지는 저도 모르지만 현재의 삶에 불만은 없습니다.

공부를 생각한다면 세 칸 토굴로 가야 하고 전법을 생각한다면 이 자리에서 회향하여야 하는데 생각이 반반이니 인연에 맡기기로 했습니다. 깨달음, 공부의 성취, 삼매도 '노력과 정성은 기본이고' 하루를 노력과 정성으로 보내고 그것이 쌓이면 언제인가는 때를 만나겠지요.

금생이 아니면 다음 생에라도.

마
음
을
허
공
과
같
이

마음에 담아두지 않아야 합니다.
마음에 억한 마음 담아두지 않아야 합니다.

마음에 담아두는 것이 많으면 병이 됩니다.
마음에 담아두는 것이 많으면 사고로 이어집니다.

마음에 두지 않으려고 수행하는 것입니다.

간경, 절, 염불, 진언, 좌선
다 마음을 비우기 위해서 수행하는 것입니다.

바람이 그물에 안 걸리듯이
연蓮이 진흙 속에 살아도 흙탕물이 잎에 안 붙듯이
마음을 허공같이 하기 위해서 수행하는 것입니다.

사바세계에 얼마나 억울한 일이 많습니까.
용서하면서 사는 것이 수행입니다.
있는 그대로 보는 것이 수행입니다.

마음을 허공과 같이 비우면
그런대로 사바세계도 살 만한 곳이고
더 나아가 행복한 곳입니다.

나 자신이 행복해야 주변이 행복합니다.

금생이 마지막이다

　지난여름 참 힘겨웠습니다. 하루하루 버티다 보니 어느덧 가을
이 되었고 가을의 선선한 바람에 몸과 마음이 살아나는 것 같습니
다. 무주선원의 일과는 변함없습니다. 덥고 힘든 날은 정진 시간을
조금 줄여가며 버텼는데 생각대로 잘 안 되는 것이 현실이라 업장
덩어리 몸뚱이를 달래가며 지냈습니다. 그러나 법당에서 홀로 마
지 지어 올리며 기도 정진하는 것을 당연하게 생각하니 주인장 마
음이 더 편합니다.

나름대로 십 년이 넘는 세월 동안 제주에서 더불어 수행하는 여법한 도량 가꾸고자 정성을 들여보았는데 여전히 토굴 수준에서 나아질 기미는 없고, 주인장이 사람을 모아 불사하며 큰판을 벌일 팔자는 아니고 홀로 공양 해결하며 정진이나 하면서 지낼 팔자라 생각하니 그동안의 좀 서운한 일이 눈 녹듯이 다 녹았습니다.

젊은 시절 '깊은 산에 들어가 초가삼간 짓고 농사나 지으며 도道를 닦고 싶다'는 아련한 생각이 내 운명이자 팔자인데 그동안 헤매고 살다가 환갑이 넘어서야 생각이 정리되었습니다. 중생이기에 멀리 돌아서 가는 것인데, 이 또한 수행이며 망상을 터는 하나의 과정입니다.

그러나 혼자 살기에는 넓은 도량. 일과 가운데 마당에만 두세 시간은 투자해야 하는 도량 관리와 정진이 빡빡합니다. 아, 그래도 내 인생에 있어 아직까지 편하게 보낸 세월이 있느냐 하여 이것도 운명으로 받아들이고 정진 삼아 오후를 마당에서 보냅니다.

탈종교 시대에 접어들었다고 합니다. 국민 소득 삼만 달러 시대의 수행자, 성직자는 3D 업종이며 물질적 풍요는 정신적 빈곤과 이어지고, 재물이 흔해지면 도道와는 멀어지는 것이 진리입니다.

구참 스님께서 전하는 말이 있습니다. 1960년대 청화 큰스님을 모시고 안거 한 철을 보내는데 점심 공양이 끝나자 공양주 보살님이 "스님, 저녁쌀이 떨어졌는데요" 하니 입승 스님이 듣고 바로 "탁발 나갑시다" 하여 대중 스님 모두가 탁발을 나갔다고 합니다. 그 가난한 시절 결제* 중에도 쌀이 떨어져 대중 스님네들이 탁발하여 돌아와 큰방에 앉아 있으면 얼마나 간절한 마음이 일어나고 화두가 얼마나 성성했겠습니까? 그 시절은 어렵고 정진 시간이 짧아도 진실한 수행자가 많이 나왔는데…….

도道는 배고픈 말세보다 배부른 말세가 더 무서운 것입니다. 다음 생에 오면 비구계 줄 곳이라도 있을까 걱정 아닌 걱정이 듭니다. 여기저기 기웃거리며 남들이 논다고 따라 놀다 보면 다음 생을 기약할 수 없습니다.

이번 생에 만난 소중한 부처님 인연, '금생이 마지막이다' 생각하며 게으른 마음을 자책하며 몸과 마음을 다하는 것이 최선입니다.

* 안거에 들어감. 안거 중에는 밖으로 나돌지 않고 수행에 집중함

저먼아이리스 이야기

　며칠 비바람에 한풀 꺾였지만 갖가지 색의 저먼아이리스가 도량을 장엄합니다. 서울 사는 지인이 보내준 꽃들 속에 묻어서 왔는데 처음에는 손톱만 한 것이 난초인가 하고 한구석에 심어두고 잊고 있었습니다. 그러던 어느 날 화려한 꽃으로 존재감을 과시하며 주인장의 마음을 사로잡았습니다.

　한 포기를 길러 일 년 만에 다섯 포기가 되었고 그 다섯 포기를 길러 다음 해에 서른 포기가 되었지요. 이제는 큰 무더기로 두 군데 심어서 도량을 장엄합니다.

수소문 끝에 이 아이의 고향이 독일이며 독일붓꽃이라고도 불리고, 품종이 무려 이천여 종이나 되는 대단한 아이라는 것을 알았습니다. 그 후 한집에서 꽃을 전부 구매하면 품종이 단순해지기 때문에 여덟 곳의 가게에서 저먼아이리스를 사다 심어놓고 꽃이 피는 대로 번호를 붙였습니다. 그렇게 같은 색으로 모아 심고 작년 가을에 도량에 핀 거의 모든 품종을 분류, 모아 심어 도량을 장엄했습니다.

올해도 몇 가지 새로운 꽃 색깔이 나와서 다시 같은 것을 모아 분주分株하고 특별 관리하는 중입니다. 작년부터는 숫자가 많이 늘어난 품종을 반연絆緣 있는 곳에 보내기도 했습니다. 올해만 정리하면 내년부터는 더 다양한 품종을 나눌 수 있겠다는 생각도 들고, 개원 이후 팔 년이라는 세월 동안 건강한 노동으로 백화百花 도량을 만들어 오시는 분들의 환희심을 일으키니 저 또한 즐겁습니다.

사바세계에 도道 아닌 것이 있습니까?
관심이 있고 정성이 있으면 못 이루는 것이 없습니다.
염불에 관심이 있고 정성이 있으면 극락세계에 왕생합니다.
다만 관심 없는 중생은 부처님도 어쩔 수 없습니다.

일체중생

어느 종교나 고등 종교는 사랑, 자비를 이야기합니다.
유대교의 사랑은 유대 민족에게만 미치는 것이고
기독교의 사랑은 인간까지만 미치는 것입니다.

그러나 부처님의 자비는 '일체중생'
생명이 있는 모든 중생에게 미칩니다.
부처님 가르침의 위대함이

'일체중생' 네 글자 속에 증명됩니다.

억한 마음이든 선한 마음이든,
일어난 마음은 일체중생에게 미칩니다.
억한 마음은 사바세계를 오염시키고
선한 마음은 사바세계를 정화합니다.
마음은 좁게 쓰면 바늘 하나 떨어질 자리가 없지만
마음을 허공같이 쓰면 일체중생이 들어가고도 남음이 있습니다.

염불을 하든 진언을 하든 좌선을 하든 어떠한 수행을 하든
연민하는 마음을 지니고 일체중생을 위하여 발원하십시오.
일체중생이 수희찬탄隨喜讚嘆하면서 수행자를 지킬 것입니다.
이 마음이 불보살님과 똑같은 마음입니다.

고
난
한

정
진
의

길

세상은 하루하루가 다르게 변하는데 무주선원의 일과는 변함이 없습니다. 새벽에 자리 털고 일어나 기도와 정진, 오후에 울력하고 저녁에 정진하는 이런 일과를 보내며 하는 오천일기도는 쉬운 일은 아니지만 그렇다고 수행의 전부인 것도 아닙니다. 마음을 증명하고 성취하려면 먹는 것과 잠자는 것도 잊고 정진해야 하는데 그 벽을 못 깨는 것이 한스럽습니다.

돌아보면 절집의 법랍法臘*은 자랑이 아니라 부끄러운 일입니다.

인광 대사 같으신 분도 별호를 상참괴승常慙愧僧**이라고 하셨는데 그저 그렇고 그런 저 같은 비구승이야 오죽하겠습니까.

"시대가 도인道人을 만든다"는 말이 있습니다. 어른 스님 세대는 목숨이 오가는 6.25전쟁을 겪은 세대라 진리에 대한 간절한 마음을 일으킬 수 있었고, 그에 잠자는 것과 먹는 것을 극복하고 정진하여 성취하신 분이 많이 계신 것이라 생각합니다. 제 은사 스님도 인공人共시절에 마룻장 밑에 숨어서 두 달을 살았다고 하시고, 그 시절 죽창으로 사람 죽이는 것도 직접 눈으로 보았다는 말씀도 하셨는데 얼마나 고苦에 사무치겠습니까?

모든 것이 풍족한 시대라 도道에 이르기는 더욱 힘든 것이 현실이지만, 금타 대화상의 법문에 따르면 '오직 가행정진한 공덕'으로 성취할 수가 있다고 합니다.

인간의 본능인 먹는 것과 잠자는 것을 줄이고 극복해야 성취할 수 있는 공부이기에 어렵고도 어려운 길인데 어려운 길이라고 먼저 포기하지 말고 몸과 마음을 다하여 최선을 다하는 것밖에 정도正道는 없는 것 같습니다.

* 승려가 된 뒤로부터 치는 나이
** 항상 부끄러운 중

지난 동안거부터는 가행정진은 못 하더라도 시간을 아껴 정진하는 마음으로 일과를 보내고 있는데, 새벽 2시 10분에 알람을 맞춰 한 시간 정진 후 법당에 들어가는데 잠을 한 시간 줄이고 정진 시간 늘리는 것도 무척 힘든 것이 사실입니다.

아, 언제나 먹는 것 잠자는 것 잊고 정진할까요.

법공양의 힘

어느 보살님 한 분은 처음에 성당을 다니셨습니다. 어느 날부터 갑자기 성당에 나가기 싫어 안 나갔다지요.

그렇게 몇 년의 세월이 흐른 어느 날, 거사님이 법문 테이프를 가져다주어 처음으로 법문을 들었는데 무슨 소리인지 하나도 모르는 말들 사이로 절하라는 것과 "관세음보살" 염불하라는 법문 딱 두 가지는 귀에 들어오더랍니다.

그 후 친구를 따라 절에 갔고, 법당에서 절하면서 "관세음보살"

을 염송하는데 그렇게 눈물이 나오더랍니다. 그리고 도량을 한번 돌아보았는데 그 큰 도량에 잡풀이 무성한 것을 보고 "아, 이 절에는 검질매줄 사람이 없구나" 하며 검질매려고 그 절에 나가기 시작했다고 합니다.

이분은 도량에 검질매는 것이 원력이니 주지 스님이 곡차에 도끼나물을 즐겨 해도 아무런 분심瑥心이 안 일어나지요. 절에 가서 말 섞을 틈 없이 그저 틈틈이 검질매면서 "관세음보살"을 염송하고 귀가하시는데 이런 분을 관세음보살의 화현이라 할 수 있을 것 같습니다.

이분의 삶을 바꾼 것은 우연히 들은, 지금은 원적圓寂하신 약천사 회주 혜인 스님의 법문 테이프입니다. 이렇듯 법공양이란 씨앗을 뿌리듯이 책이든 음성 법문이든 배포해놓으면 당장은 아니더라도 언젠가 인연 있는 분이 읽거나 듣고 발심發心하는 것입니다.

그동안 무주선원을 거쳐나간 법공양 책과 법문 USB를 전부 합치면 금액적으로 보아도 억 단위가 되고 숫자도 꽤 됩니다. 전혀 생각지도 못한 곳에서 연락이 오는 것 보면 많이 알려진 모양입니다.

천 권의 법공양 책과 법문 USB 가운데 한 권의 책과 하나의 법

문 USB라도 그를 통해 인연을 맺고 생각이 바뀐다면 법공양 동참
한 분이나 받으신 분이나 위없는 공덕이 됩니다.

오천일기도 회향

하루일과를 원만히 회향하고

원만한 하루일과가 백일이 모여 백일기도 회향,

원만 회향한 백일기도가 열 번이 모여 천일기도 회향,

원만 회향한 천일기도가 다섯 번이 모여 오천일기도 회향.

이번 오천일기도를 원만 회향할 수 있도록 단월檀越이 되어주신

무주선원과 인연 맺으신 모든 분께 두 손 모아 감사드리며

그동안의 티끌만 한 수행 공덕이라도 있다면 이 모든 수행 공덕
을 남김없이 일체중생들에게 회향하고자 합니다.

2장

진흙에 더럽혀지지 않는

—

연꽃처럼,

—

무소의 뿔처럼

제주도에 도량을 세울 적에는
더불어 수행하며 사는 삶을 원했지만
이제는 법당에서 손수 마지 지어 올리며
홀로 기도하는 것을 당연하게 생각하고
홀로 마당에 검질매고 정진하고 지내는 일을
부담 없이 받아들이고 있습니다.

독고다이

흔히 개성 있게 홀로 가는 사람을 '독고다이'라고 하는데 사실 부처님도 독고다이였습니다. 당신께서도 깨달음을 얻은 처음에는 유행遊行하시면서 수행자는 홀로 가야 한다고 늘 권하셨고 후에 제자가 많이 생기고 승가가 이루지면서야 화합을 강조하셨습니다.

부처님의 육성에 가장 가깝다는 『숫타니파타』에는 다음과 같은 말이 있습니다.

소리에 놀라지 않는 사자처럼
그물에 걸리지 않는 바람처럼
진흙에 더럽혀지지 않는 연꽃처럼
무소의 뿔처럼 혼자서 가라.

제가 처사 시절부터 즐거이 암송하던 게송이고 일반인에게도
많이 알려진 게송입니다. 제 삶을 돌아보면, 잠자리와 먹이가 보장
되지만 울타리에 갇혀 자신이 누운 똥을 밟고 사는 집돼지보다는
춥고 배고파도 노천야숙露天野宿하며 자유가 보장되는 멧돼지와 같
은 삶을 기꺼이 받아들이는 고독한 삶입니다.

제주도에 도량을 세울 적에는 더불어 수행하며 사는 삶을 원했
지만 이제는 법당에서 손수 마지 지어 올리며 홀로 기도하는 것을
당연하게 생각하고 홀로 마당에 검질매고 정진하며 지내는 일을
부담 없이 받아들이고 있습니다.
척박한 제주도가 아닌 곳에다 도량을 세웠으면, 더불어 수행하
는 여법한 도량의 꿈은 이루었을 것인데 하는 망상을 피워보기도
하나, 잘은 모르지만서도 팔자라는 것도 있다는 생각입니다. 그러
나 반연 있는 절에서 공양주를 구하지 못해서 이번 동안거에 대중
들이 모두 근념했다는 소식을 들으니 말세에 공양주 없이도 홀로

서기 하며 정진하고 사는 것도 큰 복이로구나 하는 환희심도 일어
납니다.

　저도 이제 마음은 젊어도 몸은 기울어갑니다. 해는 서산으로 기
우는데 금생에 한 번이라도 더 "나무아미타불"하고 10분이라도 더
앉아야지 하는 생각만 들지 사람을 모으고 불사하는 시절은 아니
다, 갈 길이 바쁜데 남 쳐다볼 것도 없고 말년을 수행으로 회향해
야 어렵게 온 사바세계에서 그나마 지은 허물을 녹일 수 있을 것이
라는 생각이 먼저 듭니다.

　밖이든 안이든 말년을 수행으로 잘 회향하여야 사바세계에 온
가치가 있고 다음 사바세계에 올 적에 좀 더 나은 모습으로 올 수
있는 것입니다.

수행이란

11월 겨울 길목, 여름 내내 극성스럽던 풀들은 한풀 죽었고 연일 좋은 날씨에 울력을 계속한 덕에 도량은 깨끗합니다. 그래도 여름에 무성하게 자란 나뭇가지 전정하고 수행 삼아 마당에서 조금씩 정리해나가고 있습니다. 주인장이 일에는 물리가 난 사람이라 깨끗하다 해도 울력거리는 무진무궁합니다.

변방에서 인터넷을 깔아놓고 세상과 소통하며 정진하고 지내니 가끔 염불 수행에 대해서 문의를 받습니다. 나름대로 정리했으나 제 소견이 다 옳다고 생각하지는 않습니다. 다만 참고 사항일 뿐입니다.

첫 번째로 부처님 공부수행에 마음을 내시는 분은 보리심을 일으켜야 합니다. 대승의 핵심이 보리심입니다. 보리심의 완성이 수행의 완성이며 보리심이 없는 수행은 중생의 삶에서 한 발자국도 벗어나지를 못합니다. 보리심이란 나의 수행으로 '나와 더불어 일체중생이 행복하고 이익되게 하겠다'는 원력입니다. 아미타불의 사십팔대원을 압축시킨 것이 사홍서원이며 사홍서원을 더 압축한 것이 보리심입니다. 부처님 공부에 마음을 내시는 분은 이런저런 수행 방법이 아니라 '발보리심 하라'가 1순위입니다.

두 번째로 보리심을 완성하기 위한 방법, 수단으로 수행법을 간택하는 것인데 어느 수행법만이 깨달음을 얻을 수 있다고 고집하는 것은 법집, 아집이며, 법집과 아집으로는 끝까지 갈 수 없습니다. 중생의 업과 기질이 다양하기 때문에 수행법 역시 다양할 수밖에 없는 것입니다. 다만 염불 수행은 장점이 많은 아주 오래된 수행법이며, 장점으로는 입으로 소리를 내고 그 소리를 귀로 듣기 때문에 마음 안에 침전된 망상과 업을 흔들어 정화한다는 것입니다.

그러나 요즘은 염불 수행도 꼭 '자기식'대로 해야 한다고 주장하는 분들이 있습니다. 염불 수행도 역시 다양한 기질이기에 어느 틀

안에서 하는 것보다는 본인이 편한 대로 하면 됩니다. 다만 정성을 다하여 염불하면 됩니다. 염불로 입이 정성스러워지면 마음이 정성스러워지고 마음이 정성스러워지면 행위가 정성스러워지며 복과 지혜가 함께하는 복혜쌍수福慧雙修가 되는 것입니다.

　세 번째는 성취의 조급함인데, 어떠한 수행이던 현실적으로 업을 녹이고 성취하는 길은 먼 길입니다. 어른 스님들이 말씀하시기를, '시작은 있는데 끝이 없는 공부'라 하셨습니다. 부처님 공부해서 열 번 화내던 것을 다섯 번으로 줄였다면 성취한 것이고, 탐심을 줄였다면 성취한 것입니다. 오랜 세월을 그렇게 마음을 열고 다듬어나가는 것이 마장 없는 수행입니다. 또 성취와는 상관없이 포기하지 않아야 합니다. 목숨이 다할 때까지 공부를 지어가겠다 하면 사바세계 와서 성공한 것이고 한 발 더 나아가 목숨이 다할 때 진제일체제장애盡除一切諸障碍! 모든 번뇌 망상에 다하여 아미타불을 친견하고 극락세계를 왕생한다는 법문을 증명할 것입니다.

　아, 그리고 한 가지 사족을 단다면 경계는 경계일 따름이며 마음으로 깨달은 것이 있다면 행위로 증명되어야 합니다. 부처님 공부는 중생들에게 대접받기 위한 공부가 아니라 중생을 시봉하기 위한 공부입니다. 그리기에 생각은 쉬운 것 같으면서도 행위로는 어려운 것입니다.

인연의 이치

사바세계에 일어나는 모든 현상을 인연이라 합니다. 이 인연因
緣이라는 것은 원인原因이 숨어 있다가 조건이 맞으면 나타나는 것
으로, 좋은 인연도 있고 억한 인연도 있습니다.

다겁생을 건너오면서 어떻게 좋은 인因만 심었겠습니까. 때에
따라 억한 인因도 심어놓았기에 살다 보면 가끔 지뢰 터지듯 터지
고, 만나는 것이지요. 고명한 스님들께도 억한 인연은 있습니다.

일제 강점기 시절 수월 스님께서 만주에서 소를 치면서 받은 새경으로 주먹밥을 만들어 지나가는 나그네에게 보시했는데, 주먹밥을 만들어두면 흙을 뿌리는 못된 사람이 있었습니다. 이 사람이 무려 삼 년 동안 수월 스님을 괴롭히다가 비적단을 따라 떠났다고 합니다. 누구나 화가 날 만한 일이지만 수월 스님께서는 그 사람이 그렇게 장난을 쳐도 마음 한 번 빼앗기지 않았다고 하셨답니다.

중국의 허운 스님도 문화혁명 때 곤욕을 치렀습니다. 당시 총리였던 저우언라이가 허운 스님의 절에는 절대 손대지 말라고 했지만 명령이 하달되는 데 시간이 걸리다 보니 그 명령이 도달했을 때는 이미 홍위병들이 허운 스님이 계신 절을 다 파괴하고 허운 스님에게도 폭력을 행사한 뒤였다고 합니다.

제 은사 스님께서도 그런 일이 있지요. 그 옛날 암자를 어렵게 불사해놓고도 부처님을 못 모시고 있으니 인연 있는 어느 스님이 부처님을 모셔왔습니다. 그런데 그것이 문제가 되어서 은사 스님이 구치소에서 몇 달 사신 일이 있었습니다. 전후 사정을 이야기했으면 그런 곤욕까지는 안 보셨을 텐데 부처님을 모시고 온 스님이 다칠까 봐 말씀을 안 하셨다고 합니다.

공부를 이루신 어른 스님들께서도 이리 억한 인연을 만나는데 저야 오죽하겠습니까? 저도 여기서 억한 인연, 잘 보듬으면서 지내고 있습니다.

억한 인연을 덧나지 않게 회향하는 길은 묵빈대처默賓對處뿐입니다. 어디 가서 지내나 한두 가지 불편한 인연이 있는 것은 사바세계의 이치입니다. 또 세월 따라 억한 인연도 비껴가고 좋은 인연도 떠나가며 만났다가 흩어지는 것이 사바세계의 이치 아니겠습니까.

헌신

삼독심에 물들어 있는 중생의 때를
한 화두로 마음을 모으고 관찰하여
삼독심이 녹아간 그 자리
아我가 녹아간 그 자리
중생에 대한 헌신으로 채워집니다.

결국 수행이란 헌신을 마음으로 배우고

몸으로 익히는 것입니다.
중생에 대한 헌신이 완성된 분을
성자라 하며 보살이라 합니다.
수행의 완성은 헌신입니다.

헌신의 완성은 먼 길이지만 반드시
마음으로 배우고 몸으로 익혀야 할 지상과제至上課題입니다.

힘겨운 시간이 있었기에

GDP가 몇백 달러이던 1960년대는 다들 가난하던 시절입니다. 가난해도 우리 집은 특히 더 가난했기에 어린 시절부터 돈에 한이 많았습니다. 어린 마음에 고향 인천은 작으니 서울 가서 크게 한번 살아보자고, 아무런 연 없는 서울을 열아홉 살에 빈손으로 올라왔습니다. 처음 만난 사람이 뚝섬의 꽃 농장을 소개해줘서 서울서 뿌리내리고 살기 시작했습니다.

가난한 농촌에 태어나 1960년대 후반, 1970년대에 서울로 상경

한 청소년들이 공돌이, 공순이가 되었던 세대. 지금은 다 늙었겠지만 이 세대가 얼마나 열악한 노동환경에서 고생하고 살았는가는 『전태일 평전』이나 『난장이가 쏘아올린 작은 공』을 한번 읽어보시면 알 것입니다.

1984년 8월 31일부터 9월 2일까지 서울에 폭우가 쏟아져 천호동 전체가 잠기고 한강 둑이 무너질까 조마조마하던 시절이 있었습니다. 이 난리 통에 십여 년을 안 먹고 안 쓰며 용맹정진 끝에 이루어놓은 천육백 평의 바이올렛꽃 농장이 사흘 만에 다 털렸습니다. 진짜 억울하면 눈물도 안 납니다. 고난의 길이 끝나는 줄 알았는데 계속 이어지고, 믿거나 말거나지만 그 후 당시에도 큰돈이었던 육천만 원짜리 계약이 결정적일 때 틀어졌는데 그날은 신장이 나타나 훼방 놓는 것이 보였습니다.

절에 갈 사람이 돈벌이에 골몰하니 결정적일 때마다 물먹는 것이지요. 어느 날 출가할 마음을 일으키자 대추나무에 연 걸리듯이 걸렸던 여러 가지 문제가 일시에 해결되는 일이 벌어졌습니다. 도道와 재물은 함께할 수 없으며 사바세계 와서 돈 버는 것은 실패했지만 대신 무상無常을 깨달았습니다.

그 옛날 정부 혼합미에 왜간장 한 가지로 밥을 비벼 먹던 시절이 있기에 지금도 반찬 한두 가지 놓고 공양해도 부족함이 없고, 하루 열두 시간씩 노동한 시절이 있기에 지금 땡볕에 나가서 서너 시간 울력하는 것은 아무것도 아닙니다. 긴긴 세월의 고통이 있었기에 지금 고통받는 사람들에 연민심이 일어나고 그들을 위하여 기도와 자비관을 할 수 있으며 돈이 얼마나 힘든 것인 줄 알기에 재공양은 아껴 쓰고 법공양으로 회향하는 것입니다.

어느 분이 "스님, 이렇게 무주선원을 애쓰며 가꾸는데 떠날 수 있습니까?" 하고 묻기에 "난 밖에서 이것보다 더 큰 것을 버린 사람입니다. 죽을 적에 가져가는 것도 아니고 시절인연이 도래하면 작은 토굴에 가서 홀로 정진하고 싶습니다" 하고 대답했습니다.

일행삼매一行三昧를 익히다 보면 시절인연이 도래하겠지요. 우바리존자 법문 그대로 '영원한 것과 영원하지 않는 것을 똑바로 구분하면서 가야 할 길만 가는' 것이 수행자의 길입니다.

아, 그리고 마지막. 목숨이 다할 때는 이 사바세계에 더 남아 있고자 목숨을 구걸할 것 같지는 않습니다.

원아임욕명종시 願我臨欲命終時

진제일체제장애 盡除一切諸障碍

면견피불아미타 面見彼佛阿彌陀

즉득왕생안락찰 卽得往生安樂刹

원하오니 제가 명이 다할 적에
모든 장애가 제거되어
아미타불을 친견하고
극락세계에 왕생하기를 발원합니다.

의미 있게 아껴 쓸 것

전에 객스님 한 분이 사흘을 묵고 가면서 "요즘 스님처럼 사는 사람이 어디 있습니까! 신심 떨어지면 오겠습니다"라고 했는데 아직 신심이 붙어 있는지 두 번은 안 오네요.

예전에는 절에서 이렇게들 살았다고 합니다. 기도는 기본이고 오후에는 조실 스님까지 대중 전체가 울력하며 자급자족하는, 흔히 말하는 '선농일치'의 시절이 있었습니다만, 현재는 「전설의 고향」에나 나오는 이야기가 되었습니다.

절에 주인장이 잡기하고 있으면 잡기에 따라 신도가 모이고 염불 수행하면 염불 수행하는 분들이 모이는 것인데, 아무튼 혼자서 마지 지어 올리며 법당과 마당을 오가며 지내고 있습니다. 이런 일과가 한두 해가 아니라 제주에 인연 맺은 십칠 년을 그렇게 지내고 있는 것입니다. 이런 인연도 흔치는 않은 인연입니다.

우리가 지금껏 경험하지 못한 이 시대는 물질은 풍요하고 정신은 허약한 그야말로 배부른 말세입니다. 이 놀기 좋은 시절에 출가 사문도 법당 들어가기 싫어하는데 재가 불자님들이야 오죽하겠습니까. 춥고 배고픈 곳에서 도심道心이 자란다고, 그나마 마지막으로 보릿고개, 배고픔을 경험한 세대이기에 김치 하나 놓고 공양을 해결하면서 무주선원에서 선농일치 흉내 내는 것입니다.

시절인연이 이렇게 변했다고 저까지 세류에 휩쓸릴 수 없지요. 이제는 다 놓고 내 신심信心 하나 가지고 내 세계 가꾸며 나답게 '혼자 살다가 혼자 가는 것'으로 생각을 정리했습니다. 그렇게 생각을 정리하니 또 하나의 짐을 던 것입니다.

예전에도 그렇게 살았지만 망상 지어 전화하거나 찾아다닐 일 없고 찾아오시는 분 있으면 차 공양해드리고 적던 많던 재공양은 아껴 쓰고 남은 것은 법공양으로 회향하고 법당과 마당을 오가며 일행삼매 일과를 지어갑니다.

청화 큰스님 법문에 "생명을 아껴 써라" 하신 말씀이 있습니다. 갈 적에는 선, 후가 없고, 또한 갈 적에는 마음, 업만 가지고 가는 것입니다. 절집에 와서도 저보다 어린 사문들이 먼저 가는 것을 자주 보았습니다.

나이가 들수록 얼마 남지 않은 생명, 어느 것이 의미 있게 아껴 써야 할 것인가 사유할 일입니다.

조심히
나이가
들수록

전에 젊은 스님과 차를 한잔하는데 연세 많으신 사형 스님이 문자를 보내거나 전화를 거는 것이 부담스럽다고 합디다. 저하고는 상관없고 지금까지 따로 연락 없이 살았지만, 손아래 스님들에게 쓸데없이 찾아가거나 문자 등으로 관심을 표하지 말아야지 하고 다시 결심했습니다.

세월이 흘러 저 자신은 마음도 젊고 건강하다 여겨도 공식적으로는 대한민국의 노인 나이가 되었습니다. 밖이나 안이나 노인 좋아하는 곳은 별로 없습니다. 절집도 늙을수록 삼업三業을 조심하고 잘 살아야 합니다. 다들 분상에서는 열심히들 사니 입 댈 것은 없고, 젊은 시절에는 막행막식莫行莫食이 만행이 될 수 있고 재발심의 기회가 있지만 나이와 법랍이 들어 그렇게 살면 주변에 구업 짓게 하며 한없이 추해 보입니다.

마음 밖에서 얻는 행복은 그늘이 있지만 마음 안에서 얻는 행복은 그늘이 없습니다. 재물로 일체중생을 이익되게 하려면 뒷감당이 안 되지만 마음으로 이익되게 하는 것은 가능합니다.

『금강심론』에 '마음의 빛은 삼천대천세계를 감싸도 그늘이 없다'고 했는데, 다시 말하면 "나무아미타불" 염불로 삼천대천세계를 장엄할 수 있다는 뜻입니다. 삼매가 현현하지는 않아도 좌선을 하나 염불을 하나 환희심이 일어나기에 밖으로 안 돌고 도량 내에서 일과를 보내는 것입니다.

기도 정진 공덕으로 일용에 불편함이 없으며 법공양으로 회향할 수 있고 울력 공덕으로 도량은 새들의 극락이 되고 모종 나눔으로 회향합니다.

이 역시 저만이 누릴 수 있는 행복이며 이런 자신이 고맙습니다.

아, 이제는 준비하고 있다가 부처님이 부르면 따라가야지요.

한
생
각

호수에 돌을 던지면 미세한 파장이 온 호수에 미치듯이
한 생각 또한 온 정신세계에 미치는 것입니다.

한 생각 부정적인 생각은
온 정신세계에 쓰레기를 버리는 것입니다.
한 생각 긍정적인 생각은
온 정신세계를 맑히는 것입니다.

긍정의 극치는
나무아미타불입니다.

끝없는 빛의 세계 무량광불
끝없는 생명의 바다 무량수불

나무아미타불을 염송하는 것이
나 자신을 부정에서 긍정으로 바꾸는 것이며
더 나아가 온 우주를 밝히는 것입니다.

긍정의 극치는 관세음보살입니다.
자비심과 연민심을 지니는 자는
누구나 관세음보살입니다.
천 개의 눈과 손으로 일체중생을 보듬어주듯이
관세음보살로 화현하여 거친 사바세계를
극락세계로 장엄하는 것입니다.

연민심을 지니고 "나무아미타불" 염송하는 수행이
부처가 부처를 염하는 진여眞如 염불입니다.

관
상

수
행

유럽 축구 리그에서 교체 선수로 자주 나오는 한 선수가 교체 출전한 짧은 시간 동안 골을 잘 넣었습니다. 비결은 벤치에 앉아 있어도 생각은 그라운드에 들어가 선수들과 같이 뛰는 것. 상대 수비수의 장단점을 파악하고 생각으로 수비수를 제치는 영상을 그려보고 실제로 교체 출전했을 때 생각대로 행하면 골이 잘 들어간다고 합니다.

미국의 유명 스포츠 선수가 자전거를 타고 가다 교통사고를 당

진흙에 더럽혀지지 않는 연꽃처럼, 무소의 뿔처럼   91

해 중상을 입고 침대에 누워서 지내게 되었습니다. 이분은 누워서도 계속 침대에 앉아 있는 자신의 모습을 그렸고 마침내 침대에 앉을 수가 있었습니다. 그다음으로는 걷는 모습을 그렸고, 걸을 정도로 회복된 후에는 예전에 운동하던 모습을 계속 그려서 결국은 예전과 같이 선수 생활을 했다고 합니다.

첫 번째는 스포츠 용어로 이미지 훈련이라고 하는데 현대 스포츠계에서 주목하는 훈련이라고 합니다. 두 번째는 흔히 말하는 마인드 컨트롤입니다. 이 두 가지 모두 불교식으로 말하면 '관상觀想 수행'인데 불교의 관상 수행법이 현대에 이르러 이미지 훈련이나 마인드 컨트롤 등 과학적으로 증명된 것입니다

불교의 대표적인 관상 수행은 『관무량수경觀無量壽經』입니다. 말 그대로 무량수불, 아미타불을 관상하는 열여섯 가지 수행법입니다. 『관무량수경』이 아니더라도 관상 수행으로 분류되는 것은 많습니다. 밀교의 수행법도 대부분 관상 수행이라고 생각되고 보리방편문도 관상 수행입니다.

『금강심론』의 중요한 한 구절은 "가관적 수행이 중도적 수행이 된다"입니다. 다시 말하면 거짓이라도 관상하면 결국에는 도를 증명할 수 있다는 것입니다.

자비관 수행 또한 관상 수행입니다. 긍정을 사유하고 관찰하면觀想 몸과 마음이 긍정으로 변하고 병과 마장이 붙을 틈이 없습니다. 긍정의 극치가 자비심입니다.

무량광불! 아미타불! 자성불自性佛의 이름이며 속성屬性입니다.

마음의 빛으로 우주를 가득 채우고 무량한 한량없는 마음의 빛을 자비화化하여 온 우주를 감싸는 가관적 수행, 관상 수행이 중도적 수행에 이르기까지 얼마의 세월이 걸릴까요. 아, 아마 다겁생이 걸리겠지요.

다만 분명한 것은 자신의 몸과 마음이 행복하다는 것이고 행복 바이러스가 주변도 행복하게 한다는 것입니다.

졸부 수행자

초심 시절 산중 암자에 도인 스님이 계신다는 이야기를 듣고 도반 스님과 함께 찾아갔습니다. 산길을 따라 거의 암자에 다다랐을 적에 등산로 길을 생나무로 잘라 막아놓은 것이 보였습니다. 아마 암자 가는 여러 길을 하나로 정리하려고 막아놓은 듯했으나, 사실 공부하는 사람은 나무 하나도 소중하게 생각해야 합니다.

어느 어른 스님이 계신 암자 마당에 있는 나무가 차를 돌릴 때마다 사람들을 불편하게 했습니다. 어른 스님이 계시면 나무를 못 베어내게 하니 그분이 외출한 틈에 대중 스님네가 나무를 베어냈다고 합니다. 외출에서 돌아오신 어른 스님께서 다리 뻗고 울면서 "이놈들아, 너희들이 공부하는 사람들이냐!" 하며 탄식하셨다고 합니다.

아무튼 도반 스님과 암자 마당에 들어서니 도인 스님(?)께서 바로 말을 놓는데, 공부하는 사람은 하찮은 사람에게도 그렇게 바로 하대하지 않습니다.

구참 스님께서는 사미승 시절 태안사에서 청화 큰스님을 모시고 선방에서 정진하며 지냈는데, 큰스님이 자신에게도 꼭 공대恭待하셨다고 겸손하기가 그지없었다고 회고합니다.

도인 스님 방에서 도반 스님과 삼배三拜를 올렸는데 그분은 비스듬히 앉는 자세로 삼배를 받았습니다. 삼배는 존경의 뜻으로, 올리는 사람도 정성을 다하지만 받는 사람도 정성을 다해서 받아야 합니다.

예전에 큰 절 뒷방에 계신 어른 스님은 후학이 찾아가 삼배를 올리면 꼭 호궤합장胡跪合掌*하고 삼배를 받았습니다. 마지막으로 천

* 두 무릎을 땅에 댄 자세에서 허벅지와 상체를 곧게 세우는 자세로 예를 취함. 또는 그런 자세

도재 지낸 귤과 사탕을 방바닥에 던져주면서 "야, 이거 먹어" 하는데 도인 스님의 살림살이는 여기서 다 끝났습니다.

'아만심我慢心이 가득한 수행자, 뭔가 부족하고 천해 보이는 일명 졸부 수행자.' 아무리 용맹스럽게 정진을 하더라도 아만심만 가득하다면 정진이 아니라 극기 훈련하는 것밖에 안 되는 것입니다. 수행은 극기 훈련도 아니고 보여주기 위한 퍼포먼스도 아닙니다.

부처님 공부, 도道 공부, 이론은 한 줄이면 족합니다.

그러나 사유와 반조를 통하여 삼독심을 털어내고 본래의 불성, 자성청정심自性清淨心을 드러내는 한 줄의 이론을 증명하는 데는 다겁생이 걸립니다. 자성청정심의 속성은 밝음, 부드러움, 평등심, 자비심, 연민심, 헌신이며 공부가 깊어지면서 자성청정심의 속성이 행위로 드러나는 것입니다.

아, 물론 다겁생이 걸리는 길에 아만심으로 일생을 보내는 시절도 있겠지요.

심
상

예전에 관상책을 독파한 적이 있습니다. 지은이가 맨 마지막
에 관상觀相은 심상心相을 뛰어넘지 못한다며, 운명이 박복한 사람
을 어떻게 복 있는 운명으로 바꿀 것인가가 자신의 연구 과제라고
썼습니다.

관상학에서는 코를 가장 중요하게 생각합니다. 어떤 사람이 코
가 잘나서 크게 성공했으나 심상이 옹졸하여 자기 사욕만을 챙기

는 등 천박하게 행동하여 말년이 좋지 못하였습니다.

관상이 심상을 넘지 못한다는 이야기가 바로 이런 경우이고 심상이라는 것은 절집 말로 용심用心입니다. 어른 스님들께서도 늘 용심을 잘 내는 것이 도道라고 하였습니다.

마음을 잘 쓰는 것이 용심이며 관상을 뛰어넘어 운명을 바꾸는 길입니다. 마음을 잘 쓴다는 것은 결국은 보시바라밀布施波羅蜜입니다. 대승불교에서 수행자가 지켜야 할 여섯 가지 덕목, 즉 육바라밀 가운데 첫 단추가 보시바라밀입니다.

보시바라밀에 법보시도 있고 재보시도 있고 무외시도 있지만, 가장 중요한 것은 친절, 친절입니다. 모든 중생에 대한 친절이 가장 좋은 심상이자 용심이며 보시바라밀입니다. 누구나 마음을 일으키면 할 수 있는 친절이 운명까지 바꿀 수 있는, 참 보시바라밀입니다.

여담으로 가끔 무속계巫俗界에 계신 분들이 운이 막힌 사람들에게 보시를 처방하는 것을 봅니다. 어느 말사에 인연 있는 분이 계셔서 방문했더니 전통 사찰이 아니라 개인이 창건하여 본사에 등록한 사찰이었습니다.

이 절의 창건자는 절을 지어 보시하면 집안이 잘된다는 용한(?) 분의 말을 듣고 절을 지은 후 본사에 기증했으나 나타나지는 않으셨다고 합니다. 그래서 본사에서는 적당한 분을 주지로 발령 보냈다고 하는데, 어느 분인지 시주한 것으로만 깔끔하게 마무리 지은 무주상보시를 실천하신 참 대단하신 분입니다.

한
호흡

지혜를 일으키는 가장 좋은 자세
다리를 포개고 허리를 곧추세우며
천천히 깊게 들숨으로 온 우주를 감싸 안으며
일체중생의 모든 고통을 다 거두어주겠습니다.

천천히 날숨을 하면서

마음의 빛, 자비의 빛으로 낱낱이 온 우주에 방사합니다.
한 번의 들숨과 날숨에 실어 일으킨 자비심은
번뇌와 망상은 녹아내리며
일체중생을 이익되게 합니다.

연민하는 마음과 자비심이 많고 적고는 문제되지 않습니다.
때 묻은 마음의 빛을 방사하여도 온 우주에 미치는 것입니다.

마음의 빛, 자비심은 쓸수록 밝아집니다.
마음의 빛, 자비심은 무진무궁합니다.
마음의 빛, 자비심은 불가사의합니다.

속지 않으려면

사바세계에서

　어느 거사 한 분은 깜깜한 농촌에서 태어나 고등학교를 졸업하고 아무런 희망 없는 고향을 떠나 서울로 올라왔습니다. 저하고 갑장인 이분, 저도 고등학교 졸업 후 꿈을 가지고 서울로 무작정 올라왔지요.

　가난의 상징 보릿고개를 마지막으로 경험한 세대, 우리 세대 대부분이 농촌에서 태어나 큰 꿈을 이루고자 서울로, 서울로 모였습니다.

서울로 올라온 우리 세대의 공통점이 있는데 그중 하나가 일단 서울에서 눈을 좀 뜨면 고향 땅을 팔아서 무언가를 하려 한다는 것입니다. 그 시절은 사장님이 길거리에 치이는 자영업자 천국 시절이라 빵집을 하든 구멍가게를 하든 고향 땅을 팔아서 뭔가를 했습니다. 그러나 수많은 부비트랩이 설치되어 있는 서울 콘크리트 밀림 속에서 지뢰를 피해 성공하기는 그리 녹록하지 않습니다.

　　성공하기 위해서는 부지런함과 성실은 기본이고 마지막으로 운까지 받쳐주어야 하는데 삼박자가 맞아떨어져 성공하기는 열 명 중 하나입니다.

　　이분이 차 한잔하면서 하시는 말씀을 자세히 들어보니 말년에 귀향해서 보니까 고향 땅값이 미친 듯이 올라갔다고 합니다. 고향 밭두렁, 논두렁에서 "이런들 어떠하리, 저런들 어떠하리" 하며 막걸리 먹으며 버틴 친구들이 더 부자라는 것에 허탈감을 느끼는 모양입니다.

　　한마디로 희망이 없다고 집토끼를 정리하고 산토끼를 잡으러 나갔는데 결국 고생만 했지 집토끼를 지킨 사람보다 못하다는 것입니다. 그러면서 마지막으로 "난 서울에 올라와서 사업하며 넓은 세상을 보았지만 고향 사람들은 아무것도 모릅니다" 합니다.

누구나 천일야화가 있고 넓은 세상을 경험하는 데는 수업료가 많이 들어가지요. 저도 고향에 땅이 좀 있었으면 팔아먹었을 것 같은데 그럴 땅이 없다 보니 몸뚱이로 버티며 넓은 세상을 본 것이고, 서울 상경파인지라 태어났으면 넓은 세상에서 모험을 한 번 해 볼 가치가 있다고 생각합니다.

약육강식의 논리는 짐승 세계만 있는 것이 아니고 인간세계에도 통하는 진리며 사실 인간도 양복 입은 짐승에 불과합니다. 콘크리트 밀림 속에는 양복 입은 육식동물들이 호시탐탐 약자를 노리는데 여기서 살아남으려면 믿을 사람은 자신밖에 없습니다. 남 믿고 일하다 낭패를 본 사람을 하나둘 본 것이 아닙니다. 나는 자비심을 낼 수가 있지만 세상 사람들에게 자비심을 기대할 수 없는 것이 현실이고 등을 보이면 칼을 맞는 것이 콘크리트 밀림의 법칙입니다.

다양한 업들이 모여 사는 넓은 세상 야전에서 생존하는 노하우를 터득하다 보니 '모르거나 속고 살지는 않는다' 하는 생각입니다. 대부분 속고 살지 않습니까. 권력자가 권력을 놓고 교도소에서 지내는 것이나 거짓 감투인 줄 모르고 올라왔다가 다 털리고 내려가는 것이 다 속고 산 인생입니다.

앞의 파도를 뒤의 파도가 치듯이, 속고 속이고 사는 것이 사바세계의 속성인데 사바세계에서 속지 않고 살려면 깨어 있어야 하고 직관直觀하는 힘이 있어야 합니다.

　이제는 다 놓고 변방에서 묻혀서 잡풀 뽑아가며 정진하고 갈 준비하며 마음 가꾸고 사는 것이 사바세계에 와서 그나마 회향 잘하는 것이라는 생각이 듭니다.

인연

나무아미타불 하는

예전에 경북 어느 사찰에서 지낼 적 일입니다. 비어 있는 극락전에서 기도하고 있는데 사중寺中 운전기사로 "나무아미타불" 하시는 분이 오셨습니다. 거사분 연세가 당시 예순은 된 듯하고 신심도 있으셨지요. 나중에 아내인 보살님도 오셨는데 보살님도 "나무아미타불" 하시는 것입니다. 보통 부부가 절에 함께 다니는 것도 회유하고 함께 나간다고 해도 수행법이 각각인 것이 보통이라 신기해서 "그 옛날 중매로 만나서 결혼하셨을 것인데 어떻게 나무아미타불 하시는 분끼리 만났습니까?" 물으니, 두 분 중 답변이 용한 분이 말하기를 "전생에 극락세계에서 함께 있다가 쫓겨나 사바세계에서 만나 사는 것"이라고 하시더군요.

사실 여부를 떠나서 "나무아미타불"은 극락세계와 인연이 있으신 분이 하는 염불입니다. 그러기에 나무아미타불 염불하는 분은 참 귀한 분이시고 경전에서는 이런 분을 흰 연꽃으로 비유합니다. 사바세계에서 실낱같은 인연으로 "나무아미타불"을 하는 사람을 만나는 것도 대단한, 소중한, 회유한 인연입니다.

그러나 "나무아미타불" 염송한다고 하지만 자꾸 나태해지고 망상이 피어나며 옆으로 새는 박복한 인연도 있습니다. 하지만 알면서도 속는 것입니다. 즉, 박복한 인연이라도 "나무아미타불"을 놓치지 않고 한고비를 넘기면 그 속에서 만족감과 행복감 그리고 원력과 신심이 살아나는 것입니다.

옛 어른 스님께서 "인욕의 갑옷을 입고 정진하라", "염념상속만 되면 시절 연을 기다려라" 하고 격려하십니다.

어느 수행법이던 소아小我를 버리고 원력을 가지고 정진하는 데는 적敵이 없습니다. 열 번 "나무아미타불"을 하더라도 마음을 열고 "나무아미타불" 해야 합니다. 일체중생을 위한 큰 원력을 가지고 "나무아미타불" 염불을 해야 합니다.

금타 대화상님 법문에 동안거가 가장 정진하기 좋다고 하셨습니다. 이번 겨울 박복한 마음을 다시 다지며 동안거 여여 정진하시길 기원합니다.

출가하는 인연

앞서 「나무아미타불 하는 인연」에 등장했던 경북 어느 절 운전기사 부부는 신심이 참 돈독하신 분들로, 아들만 셋입니다. 이 아들 셋을 다 출가시켰지만 결국 다 돌아왔다고 합니다. 특히 장남이 칠 년 정도 승려 생활을 하다가 돌아와서 늘 아쉬워하시더군요.

어느 신심 깊은 노보살님은 아들을 스님 만드는 것이 소원이었습니다만, 결국 포기하고 대신 손자 둘 중 하나는 꼭 스님을 만들겠다고 하십니다. 그러나 그것은 더 어려운 일 같습니다.

사바세계에서 자식에게 부富를 물려주기는 어렵고 권력을 물려주기는 더욱 어렵지만 부처님의 신심을 물려주기는 더더욱 어렵습니다.

출가의 인연은 불가사의합니다. 어느 스님 어머니는 교회 권사입니다. 아들이 스님이 되겠다니 어머니가 얼마나 말렸겠습니까.

제 도반 스님 가운데는 경상도 깊은 산골에서 전형적으로 농사 지으시는 분의 아들로 태어나 홀로 공부해서 국립대학 장학생으로 들어가 졸업한 후에 결국 출가하신 분이 있습니다. 이분이 자신의 어머니를 부처님과 인연 짓게 하려고 어머니와 함께 백일기도를 했습니다. 어머님을 "관세음보살" 인연 짓게 하는데 무려 삼년이 걸렸다고 하는데 아무것도 모르는 부모 밑에서 어떻게 신심이 강한 분이 나왔나 저도 속으로 '희유하다'는 생각이 들었습니다.

제가 살아보니 가난한 절에 철없는 대중 스님이 비싼 요구르트를 사달라고 해서 원주院主 스님이 두 시간이나 차를 끌고 나가서 요구르트를 사주며 보살펴도 인연 없으면 오래 못 사는 곳이 선방입니다.

부처님 당시에도 육군六群 비구가 있었고 지금도 거칠게 사는 사문沙門들이 있는데 이렇든 저렇든 절집하고 인연이 있어서 와 있는 것이 참으로 불가사의합니다.

어른 스님 말씀이 뱀과 용이 어울려 사는 곳이 절집이라고, 노
스님이 되면 먹물 옷만 입고 있어도 기특하고 예뻐 보인다고 하십
니다.

신심 제일 스님

A 스님의 별명은 '조계종 신심 제일 스님'입니다.

지대방에서 A 스님의 전설, 여담은 신심을 돋우는 보약입니다. 남들은 육 개월만 하는 행자 생활도 이 스님께서는 이 절 저 절 다니며, 계를 받을 때가 되면 슬그머니 절을 빠져나와 다른 절에 가서 다시 행자 생활을 하면서 삼 년을 채웠다고 합니다.

한 번은 큰 절에서 행자 생활하면서 행자실 뒷마루에서 밤새 앉아 있는데 밤늦게 외출했다 돌아오시는 주지 스님이 이 모습을 보고 감동하여 당신이 입던 누비를 벗어 덮어주었다고 합니다. 그리고 다음 날 선언하시기를, 이번 행자님들은 내 방에서 같이 정진하자고 하여 그 기수 행자님들은 주지 스님 방에서 주지 스님과 함께 잠자면서 같이 정진했다고 하는데 그 시절만 해도 절집에 낭만이 있었던 시절입니다. 주지 스님이 행자 시절 A 스님을 얼마나 아꼈겠습니까? 그러나 스님은 그 절에도 계를 안 받고 떠나 결국은 조그마한 암자에서 계를 받았습니다.

A 스님은 부산 큰 절에서 절 수행을 하는데 하루에 삼천배에서 오천배를 오르내렸다고 합니다. 새벽부터 저녁 늦게까지 거의 법당에서 사는 것인데, 양말은 수도 없이 기운 양말에 동방도 기운 동방에 다른 이들과 말을 섞지 않으며 오직 법당에서 절만 하고 지내니 신심 제일이라는 부산 신도님들이 얼마나 감동했겠습니까? 절하는 옆에 양말도 갖다 놓고 승복도 갖다 놓고 봉투도 갖다 놓았지만 거들떠보지 않았습니다. 봉투는 다 불전함에 넣고 승복과 양말은 다 다른 스님들께 보시했다고 합니다. 삼 년 가까이 이렇게 정진하다 정진 회향하는 날은 조실 스님께서 직접 요령搖鈴을 잡고 조상의 천도재를 지내주었다고 합니다.

이분이 부산에서 제주로 건너오는데, 배나 비행기나 요금은 별 차이 없는데도 천 원짜리 한 장이라도 아낀다고 배를 타고 건너왔습니다. 그 당시 부산에서 저녁 7시에 출발하여 제주에 다음 날 아침 6시에 도착하는 배입니다. 저녁이 되어 삼등석 큰 방 한쪽에서는 술을 마시고 한쪽에서는 화투 치고 웃고 떠들어도 누더기 누비를 걸친 채 구석에서 좌선하니, 술 먹고 떠드는 사람들이 처음에는 "웬 중이 폼을 잡나" 하다 밤새도록 앉아 있으니 새벽녘에는 좌선하는 앞에 먹을 것이 수북이 쌓이고 아무튼 난리가 났다고 합니다.

자성원에 나타났을 때도 선원에서 삼 년 전에 본 기운 양말 그대로, 꿰맨 털신 그대로였습니다. 자성원 시절에 오전 정진, 오후 울력, 저녁 정진하고 지냈는데 법당에서 기도하고 있으면 꼭 나오셔서 절 수행하고, 오후 울력하면 나와서 같이 울력하고, 산철을 그렇게 지냈습니다.

어느 날 오후 울력을 하다가 신도님이 찾아오셔서 차 대접하느라 제가 "울력 그만합시다" 하니 "아, 주지 스님은 차 마셔야지요. 전 울력 계속하렵니다" 하시고는 울력을 5시까지 고집하셨습니다. 덕분에 저는 생전 처음 차를 마시는 순간에도 도량에 잡풀이 제거되는 행복을 누렸습니다.

이제는 세월이 많이 흘러 뵌 지가 오래되었고 바람결에 지나가는 이야기만 들었는데 용맹정진은 여여하고 이번에 다시 삼 년 결사에 들어가셨다고 합니다.

신심은 모든 공덕의 어머니이니 A 스님이 정진하는 도량은 어느 곳이든 신심과 환희심이 가득함을 느낄 수 있고 신심만 가지고도 중생의 업을 녹여줄 수 있다고 생각합니다.

맑고 행복한 공부

정진 들어가기 전에 차를 마시며
정진할 생각을 하니 마음으로부터 환희심이 일어납니다.

이 마음이 청복을 누리는 원인이자 결과입니다.
이 마음은 전생으로부터 온 것이지
금생에 얻은 마음은 아니라고 생각합니다.
이 마음으로 출가 이후 외국 한 번 안 나가보고

부질없는 것에 헐떡거림 없이
해제, 결제 없이 정진하고 보냅니다.

'맑고 행복한 공부'

정진이 끝났을 적의
환희심, 만족감, 부드러움, 자비심, 유연함

이 '맑고 행복한 공부'를 더불어 하자고 한때 마음을 내었지만
지금은 그 '더불어'를 내려놓고
홀로 법당으로 마당으로 오가며 정진하는 것입니다.

'더불어'를 내려놓으니 마음이 더 안락합니다.
'가장 행복한 하루'는 아무에게도 방해받지 않고
홀로 하루일과를 보내는 날입니다.

하루 20분의 정성스러운 정진이
'맑고 행복한 하루'를 보낼 수 있습니다.

인연

옛날 금타 대화상께서 큰방에 앉아 계시다가 갑자기 큰소리로 웃으시니 대중 스님네가 어리둥절했습니다. 그 모습을 보고 대화상께서 말씀하시길, 마을에서 어머니와 아들이 결혼한다는 것입니다.

난산 끝에 어머니는 죽고 아들은 살아나 어른이 되었는데, 죽은 어머니가 다시 그 마을 여자로 태어나 자라다가 결국 아들과 만났고, 그렇게 전생 어머니와 아들이 결혼한다는 것입니다.

우리 가까이 있는 분들은 좋든 싫든 아무튼 인연이 있어서 가까이에 있는 것입니다. 처사 시절 기가 막히게 현금이 필요한 적이 있었는데, 당시 팔려고 내놓은 물건이 칠백만 원인가, 팔백만 원인가 합니다. 지금 기준으로 한다면 아마 칠천만, 팔천만 원의 가치가 있는 것입니다. 이 거래가 전화 한 통으로 이루어졌습니다. 보통 액수가 크면 뜸도 들이고 쉽게 거래가 이루어지지 않는데 그 인연으로 현금의 고통에서 벗어났고, 물건을 구입한 분과 형, 동생 하며 친하게 지냈지요.

출가하여 지내던 어느 날, 백양사에 큰 행사가 있어 찾아갔는데 저 멀리서 "한상찬 씨" 하며 다가오는 스님이 있었습니다. 속으로 '내 속명을 아는 스님은 없을 것인데?' 하며 놀라 가까이 보니 바로 처사 시절 한 통의 전화로 숨통을 열어준 분입니다. 반가워서 "아니, 언제 어떻게 스님이 되었습니까?" 물으니 놀랍게도 저보다 더 먼저 출가했다더군요. 처사 시절 저와 조계사에 한 번 다녀온 적이 있는데 그때 출가할 마음이 일어났다고 합니다.

숙명통은 없지만 느낌으로 우리는 전생에 같은 승려였으며, 전생에 도움을 준 인연이 있었기에 이번 생에서도 쉽게 도움을 주었다는 생각이 들었습니다. 도움을 줬던 물을 먹였던, 다 이유와 원인이 있고 금생의 인연도 결국은 전생과 연결되는 것입니다.

출가 사문으로 험하게 사는 것도 아닌데 저만 보면 적대감을 표출하는 분이 있습니다. 아마 전생에 출가 사문이나 저에게 억한 일이 있었겠지요. 이분을 보면서 '진심嗔心을 품고 사는 사람은 끝이 안 좋은데' 하는 마음뿐입니다.

인연 또한 영원한 것은 없고 업이 남았기에 억한 사람 만나는 것이며, 업이 다하면 흩어지는 것입니다.

며칠 전에는 자성원 가는 길에 명상한다는 곳이 있어서 찾아간 적이 있습니다. 잘 알려지지 않은 구석이라 그런지 내비게이션을 세 대나 동원했습니다. 그렇게 찾아가니 어느 보살님이 "무슨 일로 오셨습니까?" 하기에 "그냥 구경 왔습니다" 했지요. 그러자 "여기는 그냥 구경하는 곳이 아니니 가세요" 하기에 직감적으로 '아, 여기는 나하고 인연이 없는 곳이구나' 하고 바로 차를 돌려 나왔습니다.

인연이 없으면 이렇게 됩니다. 좋은 마음으로 대해도 인연이 없으면 패대기쳐지는 것이고 차 한잔을 한자리에서 마시는 인연도 대단한 것입니다.

차 한잔하는 인연도 대단한데 한자리에 모여 염불하는 인연이야 오죽하겠습니까?

혼자 가는 길
무소의 뿔처럼

예전에 뜻 맞는 스님과 차도 마시고 정진하면서 한철을 보냈습니다. 이 스님이 나중에 이렇게 말씀하시더군요. "스님 수행법은 참 독특하군요. 선방 다니면서 스님같이 수행한다는 소리는 못 들었습니다."

제가 보아도 좀 다르지요. 그러나 수행의 본질적인 문제는 우리가 어떻게 번뇌, 망상 즉, 삼독심을 소멸하는가에 있으며 삼독심을 소멸하는 방법에 여러 가지 수행법, 즉 좌선, 진언, 염불, 간경 등이 있는 것입니다. 그리고 삼독심이 다 소멸했을 때 우리 본래의 자성청정심이 드러나니 마음으로 깨달은 것이 있다면 반드시 몸으로 증명해야 합니다.

흔히 본질적인 문제를 놔두고 수행하여 흔히 말하는 "한 소식했다"* 하여도 명리名利, 이름과 이익에 헐떡거리는 것입니다. 전설로 내려오는 수월 스님의 삶이야말로 깨달은 분의 삶입니다.

삼독심이 녹으면 녹은 만큼 그 자리는 자비심이 채워집니다. 수행의 살림살이는 자비심에 있는 것입니다. 자비심의 완성이 수행의 완성이며. 제가 하는 수행법이 삼독심을 녹이고 자비심을 증장시키는 자비관 수행입니다.

자비관은 부처님께서 직접 권한 수행법이며 남방이나 티베트에서는 많이 한다고 하는데 우리나라에서는 그리 대중화된 수행법은 아닙니다. 이를 통해 수행 방법 또한 세월에 따라 변하는 것을 알 수 있습니다. 저도 처음 시작은 남방의 자비관 수행을 그대로 했지만 세월이 지남에 따라 방법론이 변해가면서 단순해지고

* 어느 분야에서 일정한 경지에 오르거나 깨달음을 얻었다는 뜻

대상이 확장되었습니다. 다시 말하면 저만의 독특한 자비관 수행법으로 정리되었습니다.

염불 수행도 십 년 차 염불 다르고 이십 년 차 염불 다르고 삼십 년 차 염불이 다른 것인데 어떠한 틀을 정해놓고 강요한다면 그것은 아닌 것 같습니다.

각자의 인연과 기질에 따라 수행 방법론이 다른 것인데 어느 수행법 하나만 고집한다면 그 또한 아니라고 생각합니다.

아, 결국은 수행자는 무소의 뿔처럼 혼자서 가는 길입니다.

나무아미타불

나무아미타불 염불 소리가
저 땅 깊숙이 지옥까지 미침을 관상觀想하면서
나무아미타불 염송합니다.

나무아미타불 염불 소리가
저 우주 끝까지 미침을 관상하면서
나무아미타불 염송을 합니다.

나무아미타불 염불소리로
온 우주를 감싸면서
나무아미타불 염송을 합니다.

무량광불, 무량수불
끝없는 마음의 빛, 끝없는 생명의 빛

나무아미타불, 나무아미타불, 나무아미타불

3장

자비심이

—

나와 이웃을

—

행복하게 합니다

자신을 낮추고 상대를 높이는 하심은
선업善業이자 수행의 요체입니다.
바람이 불면 부는 대로,
비가 오면 비가 오는 대로,
화창한 날은 화창한 대로
묵묵히 하심을 익히는 것이 정진이며 수행입니다.

12
월

해는 짧아질 대로 짧아졌고 겨울은 깊어갑니다. 제주도 날씨가 따뜻하다 해도 찬 바람이 불면 체감온도는 육지와 같습니다.

12월이면 그 옛날 영하 이십 도에서 삼십 도를 오르내리는 최전 방, 흰 눈과 까마귀만 보이는 GOP에서 저녁 5시 좀 넘어 중무장하고 벙커 투입되어 새웠던 긴긴 겨울밤과 어둠이 완전히 가신 7시쯤 숨 죽이며 기다리던 "각 소대는 철수하라"는 대대장님의 무전 명령을 따라 힘든 고비를 넘겼던 세월과 화려한 꿈은 다 부서지고 12월

강바람 드센 서울 지하철 2호선 강변역 건설 현장에서 일당 육천 원짜리 인생을 보낸 시절이 주마등같이 흐릅니다. 그 시절이 어제 같은데 무려 사십 년 전의 일입니다만, 기억은 또렷합니다.

긴긴밤에 영하의 날씨만 있는 12월도 있고 화려한 꽃들이 만개하는 5월도 있듯이 인생에도 12월과 5월이 있습니다. 무상無常은 부정不定만은 아닙니다. 무상하기에 시궁창에서 살아도 희망이 있는 것입니다.

이삼십 도를 오르내리는 영하의 날씨 속에서 과연 봄이라는 것이 있을까 하던 의문은 해가 조금씩 길어지고, 해의 길이에 따라 근무시간도 줄어들었던 3월 어느 날에 해소되었습니다. 비 한 번에 거짓말같이 날씨가 풀어졌고, 저는 개나리꽃과 함께 GOP에서 철수했습니다.

제대 후 꿈은 부서졌고 허름한 시멘트 부대 종이로 도배한 함바*에서 먹고 자던 일당 육천 원짜리 노가다 인생, 마음으로 많이 울었던 그 시절도 겨울을 넘기고 세월이 가니 풀어져서 좀 더 나은

* 공사장, 광산 등의 건설 현장에 임시로 지어놓은 식당

삶을 가꾸게 된 것입니다.

겨울, 어려운 시기를 넘기는 노하우는 하심下心밖에 없습니다. 인생의 겨울을 만나면 대부분 본능적으로 하심하며 건방지게 산 세월을 후회하고 참회하지만 가장 중요한 것은 고비를 넘겨 어려운 시절에 익힌 하심을 일이 잘 풀릴 때까지 유지하는 일입니다. 어려운 시기를 잘 넘기고도 하심을 잊어버려 고통이 반복되는 것입니다. 절집 말로 역경계보다 순경계를 조심하라는 말입니다.

자신을 낮추고 상대를 높이는 하심은 선업善業이자 수행의 요체입니다. 바람이 불면 부는 대로, 비가 오면 비가 오는 대로, 화창한 날은 화창한 대로 묵묵히 하심을 익히는 것이 정진이며 수행입니다.

겨울, 하심 익히기 좋은 계절입니다.

불쌍한 중생들

믿거나 말거나지만 전 세상 사람들이 불쌍해서 출가했습니다.

어느 날 대로에 꽉 막힌 차량을 바라보면서 그랜저 타고 다니는 사람이나 티코 타고 다니는 사람이나 그도 저도 없이 일반 버스 타고 다니는 사람이나 이익 다툼에 골몰하는 세상 사람들이 '불쌍하다'는 생각이 저 깊은 의식에서 올라왔습니다. 그다음부터는 제 삶이 달라졌습니다.

그 시절 술을 싸게 먹으려면 가락동 농수산물 시장으로 갑니다. 회 도매집은 낮에는 도매 장사를 하고 저녁에는 탁자를 놓고 간단하게 소주와 회를 팝니다. 이전에 친구들과 갔을 때에는 별문제가 없는데, 그 날은 보살이 살아 있는 바닷장어 머리를 못에다 팍! 박는데 그게 제 가슴에 못을 박는 느낌이 들었고, 또 꼬리를 못에다 팍! 박는데 또 제 가슴에 못을 박는 느낌이 들었으며, 장어의 껍질을 벗기자 마치 제 몸의 껍질을 벗기는 듯한 느낌이 들어 마음 아파서 아무것도 먹지를 못했습니다.

이렇듯 처사 시절 저 밑에서 올라오는 깊은 의식은 몇 번을 경험했습니다. 조계사에 나가기 시작하며 "언젠가는 출가할 것이다" 했던 시절인연이 돌아온 것입니다. 그 당시가 서른일곱으로, 벌려 놓은 업業을 정리하기 시작하여 서른아홉, 흔한 말로 늦깎이로 출가했습니다.

깊은 의식에서 올라오는 연민심은 전생부터 쌓아온 업력과 그림자이며 한 번씩 경험할 적마다 삶이 바뀝니다. 출가 후 저는 전생의 그 공덕으로 세상 사람들에게 조금이라도 이익이 되고자 비가 오나 바람 부나 법당에서 일체중생을 위해서 기도하고 일체중생을 위한 자비관을 하면서 일과를 보내는 것입니다.

티베트의 한 성자가 눈길을 걷다 굶어 죽어 얼어붙은 짐승을 보고 연민하는 마음을 일으켜 짐승의 혼을 극락세계 왕생시켰다는 이야기가 있습니다. 이론적으로는 마음이 증명되면 연민하는 마음으로 모든 중생을 제도할 수 있는 것인데, 현실은 전생에 인연이 있고 선근이 있다고 공부가 순조롭고 삼매가 현현하는 것은 아닙니다. 청화 큰스님께서도 제자에게 말씀하시길 "생각같이 잘 안 되네" 하셨답니다.

마음을 증명하기는 참 머나먼 길이라, 다만 한눈팔지 않고 포기하지 않는다는 것으로 정리했습니다.

국민의 평균 소득이 많이 올라간 요즘, 춥고 배고픈 시절 불쌍한 중생보다 탐貪진瞋치癡 삼독심에 물든 중생이 더 불쌍합니다.

재물이 많든 권력이 있든 제 분상에서는 그저 불쌍한 중생일 뿐입니다. 재물과 권력처럼 무상한 것이 있습니까? 이들을 비난하기에 앞서 그 부질없는 탐욕에 연민하는 마음이 일어납니다.

채워서 행복을 얻으려면 밑도 끝도 없지만 비워서 행복을 얻으려면 쉽게 얻을 수 있습니다. 다 아는 사실이지만 다겁생의 업력으로 채우는 데 온 마음을 다 바치고 고통받고 결국 떠날 적에는 빈손으로 가는 것입니다. 떡고물 많이 남겨놓아야 저승에서 후손들

떡고물 싸움만 바라보는 것이지요.

모든 중생이 고통을 여의고 행복하길 바라봅니다.

정성이 도입니다

염불을 정성스럽게 지어가면

염불하는 입이 정성스러워지고
염불하는 마음이 정성스러워지며
염불하는 행위가 정성스러워집니다.

한 발 더 나아가 하루 일상,

행行· 주住· 좌坐· 와臥
잡초를 뽑을 적이나 운전할 적에나
입과 마음과 행위가 정성스러워지며
정성스러운 삶은 복과 지혜가 함께합니다.

복혜쌍수
복과 지혜가 함께하는 수행은
일체중생과 함께하는 복과 지혜의 수행입니다.

어디간들 즐겁지 않으리오

해가 바뀌면서 치과에 자주 갔습니다. 2월 즈음에 찬물을 마시고 이가 시려서 갔더니 충치라며 신경치료를 받으라고 해서 다녔고, 얼마 전에는 잇몸에 물집이 잡힌 것이 보여 방문했더니 물집이 아니고 고름이라며 역시 신경 치료를 받으라고 해서 또 다녔습니다. 오른쪽 어금니 하나는 임플란트를 해야 하는데 곧 건강보험으로 할 수 있는 나이가 되니 버티다 그때 와서 하라고 합니다.

젊은 시절 척박한 야전에서 뒹굴어도 병원이라고는 모르고 살았는데, 늙어감의 경고는 치아부터 시작하네요. 짐승들도 그렇다고 합니다. 밀림의 왕이라는 수사자가 늙어 젊은 수사자에 밀려 무리에서 떠나 홀로 다니며, 더 나아가 치아가 약해져 사냥도 못 하고 죽은 짐승 고기를 먹고 살다가 그나마도 먹을 수 없게 되어 뼈만 남아 다니다가 하이에나에 먹히거나 아사하는 과정을 유튜브로 본 적이 있습니다.

인간의 지혜로 의료가 발달하여 생명이 연장되었다고 하나 근본적인 늙고 죽는 큰 틀은 벗어나지 못합니다. 그런데도 대부분의 중생들이 사바세계에서 떡고물 주워 먹는 재미에 정신 줄을 놓고 지내다가 저승사자의 방문에 놀라 못 가겠다고 발버둥 치는 것 아닙니까?

저도 이제는 남 걱정할 시간도 없고 그저 제가 갈 준비를 할 때가 왔습니다. 마치 최전방에서 상시 전투 배낭을 꾸려놓고 유사시 벙커를 폭파하여 자취 없이 떠나듯이, 서서히 한 생각 한 생각 접어나가며 정진 한 가지만 붙잡고 있다가 떠날 때 뒷정리 깔끔하게 하고 갈 것입니다.

삶은 모든 것을 홀로서기 할 때 가치가 있으며 그때야 진정으로 사는 것이지, 병고에 시달리며 이웃에게 민폐가 된다면 삶에 의미는 없습니다. 좀 독특한 고집으로 한평생을 거의 손수 공양 지어 먹으며 살았는데 손수 공양 지을 근력이 떨어지면 선정력禪定力으로는 못 가더라도 단식이라도 해서 정리할 생각입니다.

홀로 왔다가 홀로 가는 길. 죽음이 고苦만은 아닙니다. 생명의 속성이 방랑자인데 미지의 세계로 여행하는 즐거움도 있습니다. 그곳이 다시는 돌아오지 않는 세계가 될지, 극락세계가 될지, 지옥이 될지는 모르지만 아무튼 즐거울 것 같습니다. 현 사바세계에서도 즐겁게 살았는데 어디 간들 즐겁지 않겠습니까?

책

공양간으로 쓰던 방을 북 카페로 만들기 위해 도배를 다시 하고 책장을 더 구입해 그동안 흩어져 있던 책을 한곳에 정리했습니다. 정리하면서 옛 책들을 만지니 감회가 새롭습니다. 한 권 한 권 사서 읽고 박스에 담아두고 망실되기도 하다가 남은, 손때 묻은 책과 잡지들입니다.

책과 글을 좋아하는 것도 천성이겠지요. 그 옛날 홀로 서울에 올라와 외롭고 어려운 시절을 보낼 적에는 책이 저의 스승이었습니다.

첫 번째 만난 잡지는 「샘터」였는데, 지금도 나오나 모르겠으나, 샘터는 창간호부터 읽기 시작했습니다. 이 작은 잡지를 통해 다양한 사람들을 만날 수 있었고, 또 우리가 어떻게 살아야 하는가를 일러주었습니다. 그때 법정 스님과 최인호 씨도 글을 연재한 것으로 기억합니다.

다음에 만난 잡지가 「뿌리 깊은 나무」였는데 진보적인 잡지를 통해 사회를 보는 안목이 넓어졌습니다. 이 잡지가 폐간되고 「마당」이라는 잡지가 나왔는데 이 잡지는 아직 제 책장에 있습니다. 동가식서가숙하던 시절, 반지하에 살던 어느 때, 장맛비에 모아둔 「뿌리 깊은 나무」들과 파란만장한 삼십삼 개월 군대 시절을 적은 대학 노트 여섯 권 분량의 일기가 모두 물속에 다 잠겨버린 것이 아직도 좀 아쉽습니다.

군대에서 빅터 프랭클의 『죽음의 수용소에서』를 읽고 마음이라는 것에 눈이 뜨여 두어 번 독파했고, 좁은 벙커 속에서 생활하는 부대원들의 마음을 읽는 경지도 보았습니다. 제대해서 읽은 앨빈 토플러의 『제3의 물결』에서 앞으로 사회가 어떻게 변해갈 것인지를 예측할 수도 있었습니다.

노동하면서도 늘 손에서 책을 떨어뜨리지 않았고 제대할 적에 좀 과장되게 책을 군용 더플백으로 하나는 지고 나온 것 같고, 공사

판 함바에서도 책을 보고 있으니 대학생이 알바 나온 줄 알더군요.

공자님이 가죽끈이 떨어지도록 읽었다는 주역도 몇 번을 읽었고 성경도 몇 번을 읽었습니다. 1980년대 정신세계사에서『달라이 라마 자서전』이 처음 나왔는데 그 책을 읽고는 눈물을 흘렸고 그 후로는 티베트 관련 서적은 거의 읽은 것 같습니다. 불교 서적은 읽으면 스펀지에 물이 스며들 듯이 가슴을 적셔오는 것이 전생에 인연이 깊다는 생각이 들고, 특히 티베트하고는 인연이 더욱 깊다 생각하지만 가보고 싶은 마음은 없습니다.

책은 잡식성으로 읽어야 합니다. 과학, 자연, 종교, 사회, 역사 등 내가 모르는 세계를 전문가의 안목으로 읽는 것이니 다양한 독서는 사바세계의 시야를 넓혀줍니다. 책이 현재의 본연 스님을 만들었고 척박한 곳에서 살아가는 내공은 책에서 왔다고 해도 과언은 아닙니다.

많은 책을 섭렵하면서 내린 결론이 모든 현상의 근본은 마음에 있고, 마음 가운데 최정상에는 자비심이 있다는 것입니다. 자비심만이 나를 행복하게 하고 나아가 이웃을 행복하게 한다고 생각하고 이웃을 위하여 염불하고 자비관하면서 삶을 가꾸어나갑니다. 그러나 생각과 행위를 일치시키기에는 아직 머나먼 길이기에 지금도 신심이 나태해질 적에 옛 어른 스님들의 삶을 읽고 자책하는 것입니다.

오래오래 하셔야 합니다

염불은 오래오래 하셔야 합니다.

바람이 불면 부는 대로 비가 오면 비가 오는 대로
마음에 흔들림 없이 오래오래 하셔야 합니다.

염불이 설사 나를 속이더라도
오래오래 하셔야 합니다.

144

생각이 바뀌고 행위가 바뀔 때까지
염불을 오래오래 하셔야 합니다.

약한 불에 오래 익힌 음식이 깊은 맛이 있듯이
염불에 깊은 맛을 느끼도록 오래오래 하셔야 합니다.

상처가 아물어 새살이 돋아나듯이
번뇌와 집착으로 상처받은 마음이 다 아물고
청정한 새 마음이 돋아나도록 염불을 오래오래 하셔야 합니다.

그리하여 목숨이 다할 적에 모든 장애와 번뇌는 소멸하고
아미타불 부처님을 뵙고 극락세계 왕생하는 것입니다.

노후 대책

　저도 '이제는 앞으로 얼마나 더 살까?' 하는 생각을 한 적이 있습니다.

　십 년? 십오 년? 지나온 길을 생각하면 십 년이란 세월이 긴 세월은 아닙니다. 제주에 넘어온 해가 2003년이니 저도 제주와 인연 맺은 지도 벌써 십칠 년이 되었습니다. 그동안 제주도 많이 변했고 세월은 무심하다는 생각이 듭니다.

　저보다 일찍 떠난 도반 스님들도 더러 계십니다. 저도 언제인가는 사바세계를 하직할 때가 있겠지요. 늙음을 준비하고 죽음을 준비하는 것이 노후 대책인데 재물을 쌓아놓고 이름을 얻어놓으면 떠날 적에는 다 짐이 되지요.

진정한 노후 대책은 '마음 비우기'입니다. 떠날 적에 이름이나 수행 이력은 거품일 뿐이고 마음을 제대로 비워야 사바세계 떠나는 발걸음이 가벼워 죽음의 공포 없이 옛날 어른 스님들처럼 "나 간다" 하고 갈 수 있는 것입니다.

사람이 나이 들어 떠날 적에는 대부분 병고에 시달리는데 나이를 먹을수록 가장 좋은 보약은 '자비심'입니다 우리 몸에 매일 병균이 침투하는데 병균을 방어하는 방어벽이 몇 겹으로 쌓여 있어 건강하게 사는 것입니다. 이 방어벽이 가장 쉽게 무너지는 이유가 요즘 말로 스트레스입니다. 스트레스의 원인은 다 '나'라는 생각에서 비롯되는 것이며 반대로 자비심을 일으켰을 적에 몸의 방어벽이 가장 튼튼하다고 합니다.

남방불교나 티베트에서는 기초 수행으로 자비관 수행을 많이 권하는데 그래서 그런지 수행하시는 분들이 건강하다고 합니다.

"나무아미타불" 염불로 '나'를 녹이고 자비심을 일으키고 마음을 비우는 수행이 노후 대책인데 말만큼 쉽지는 않은 일입니다. 눈앞에 벌어지는 현상을 이해하고 용서하고 연민하는 마음을 일으키려면 수없이 반복하는 마음 훈련이 필요합니다.

아! 노후 대책은 이르면 이를수록 좋습니다.

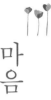

마음

마음은 허공과 같고 청정하여 청정법신 비로자나불이며
이 허공과 같고 청정한 마음속에는 무한한 공덕이 있어서
원만보신 노사나불이며
허공과 같고 무한한 공덕이 있는 마음이
인연에 따라 물들어 나타나는 것이
삼라만상 천백억 화신 석가모니불입니다.

마음은 허공과 같고 무한한 공덕이 있어서
'일체중생의 고통을 다 거두어주겠습니다'란 서원을 세워도
허공과 같은 마음이기에
일체중생이 다 들어가도 자리가 남음이 있으며
일체중생의 고통을 녹일 수 있는 공덕 또한 있는 것입니다.

다만 마음을 중생의 마음에 한계를 짓느냐
부처의 마음, 무한대에 두느냐가 다를 뿐입니다.

청화 큰스님

청화 큰스님(1923~2003) 하면 뒤에 붙는 수식어가 장좌불와長坐
不臥, 일종식一種食입니다. 눕지 않고 수행하고 하루 한 끼만 먹는다
는 뜻입니다. 평생을 적게 자고 적게 먹고 오로지 정진과 중생회향
에 일생을 바치신 당대의 선지식입니다. 당신께서는 철저히 소식
하셨는데, 젊은 시절 정진하러 가시며 보리미숫가루 한두 되만 가
지고 한 철을 보내고 돌아오셨다고 합니다.

어느 해 지리산 벽송사 선원에서 한 철을 지내시면서 입승立繩 소임을 보셨는데 저녁 9시에 방선하면 대중과 30여 분 동안 함께 누워 있다가 일어나, 화장실 가는 것도 없이 밤새 앉아계시다가 새벽 2시 반쯤에 밖에 나갔다 도량석 돌면 화장실 갔다 온 것처럼 들어오셨다고 합니다. 한 철을 그렇게 사시니, 해제 날 대중 스님들께 삼배를 받았다고 합니다.

선방에서 한 철 정진 잘하신 분에게 대중 스님네들이 삼배 드리는 전통이 있는데 아마 선방 대중 스님들께 해제 날 삼배받으신 스님은 방장보다 더 귀할 것입니다.

태안사 시절에는 개울 건너에 토굴 하나 지어놓고 홀로 동안거를 보내셨는데 보리미숫가루 한 병을 들고 공양주 보살님에게 보리미숫가루가 다 떨어지면 채워달라 부탁하시고 들어가셨습니다. 당시 공양주 최 보살님 증언에 의하면 동안거 한 철 동안 드신 총량이 보리미숫가루 차 수저로 몇 수저, 그리고 동짓날 동지 팥죽 한 그릇이 다였다고 합니다. 그리고 해제 날 나오셔서 법문을 하셨는데 그 목소리가 우렁차서 다들 놀랐다고 합니다. 이는 깊은 삼매가 아니면 불가능한 일입니다.

당시 태안사에서 정진하던 재가 불자이든 스님이든 다들 한 번씩은 장좌불와와 일종식을 시도해보았을 것입니다. 행자 한 분이 저녁에는 장좌불와 한다고 앉아 있었는데 새벽이 되니 쓰러져 있고, 점심 한 끼만 먹는다고 용쓰다가 어느 날 없어지는 일도 있었고…….

당신께서 얼마나 진리에 사무치었으면 안 먹고 안 자고 정진하셨겠습니까?

당신 분상에서는 제자들이 얼마나 답답했겠습니까. 그래도 내색 없이 자비심으로 거두어주고 격려해주셨습니다. 제가 지금도 많이 누우면 자책감이 들고 어쩌다 좀 더 먹게 되면 부끄러운 마음이 일어나는 것은 위대한 스승이신 큰스님께서 몸소 보여준 법향 때문입니다.

큰스님의 열반 다례재*가 다가올 때마다 새삼 당신의 진리에 대한 열정이 그립습니다.

* 절에서 덕이 높으신 스님의 기일을 기리는 의식

다
례
재

백여 년 전 통도사에 한 스님이 계셨는데 늘 입에 금강경을 달
고 사셨다고 합니다. 이 어른 스님께서는 매년 같은 날 꿈에 이북
어느 절에 가서 차를 한 잔 얻어 마시고 오는데 본인도 이유를 몰
라 궁금해했습니다.

그러던 어느 해 당신께서 꿈에 차 얻어 마시는 이북 절에서 객승
이 오신 것입니다. 그래서 객승을 붙잡고 묻기를 "내가 해마다 아무
개 날 꿈에 절에 가서 차를 얻어 마시는데 그날이 무슨 날입니까?"

하니 객승이 대답하기를, "아, 그날이 대강백大講伯 스님 열반일이라서 다례재 지내는 날입니다" 했답니다.

스님께서는 전생에 이북 큰 절 대강백 스님이었고 그 인연으로 이번 생에는 금강경을 수행으로 삼고 식識이 맑으신 분이라 다례재 날 혼이 그곳에 가서 차 마시는 현몽을 한 것입니다.

이 어른 스님께서는 열반하실 적에도 건강한 모습으로 "아무개 날 돌아가겠다"고 선언을 하시어 그날은 아침부터 절 마당에 떠나는 모습을 보겠다는 신도들로 가득했습니다. 스님께서 이리 가면 이리 쫓아오고 저리 가면 저리 쫓아가고 온종일 그렇게 보냈는데 저녁 공양을 마치고 법상에 올라 법문까지 마치신 후 "열반종*을 쳐라" 하시고 열반에 드셨다고 합니다.

청화 큰스님께서 2003년 열반에 드시고 제가 자성원에서 소임 보며 큰스님께서 자성원에서 머무르신 인연도 있어서 생신날 조촐하게 다례재를 모셨습니다. 생신상 차려드리는 마음으로 흰밥에 미역국 그리고 좋아하셨던 대봉감을 올리고 차 공양 올리며 마지막에는 장엄염불로 회향했는데, 그런 날이면 평생 설집에 기도하

* 큰 절에서 스님이 원적하면 즉시 대종을 108번 치는 일

시며 사셨던 노老공양주 보살님 꿈에 큰스님께서 꼭 현몽하는 것입니다. 노보살님 말이 당신 살아생전에도 늘 주변에 사람이 많았는데 다례재 날 오실 적에도 많은 스님, 신도와 함께 오셨다고 합니다. 삼 년을 그렇게 현몽하셨는데 제가 자성원을 떠나고는 다례재를 못 모시는 것이 마음에 걸립니다.

다례재는 절집 제사입니다.

세상에는 보이는 세계도 있고 보이지 않는 세계도 있습니다. 우리가 보는 것만이 전부는 아니고 영혼의 세계는 불가사의한 세계입니다. 제사나 다례재나 첫 번째도 정성, 두 번째도 정성. 세 번째도 정성인데 현대사회에는 정성은 빠지고 계산과 형식만 남고 때로는 그 형식마저 소멸하는 것 같아 서운한 마음이 일어납니다.

새벽의 감사

절집에서의 의식, 특히 새벽 예불의 의식 문구는 일체중생에 대한 발원과 참회 그리고 회향입니다.

무주선원에 첫 공식적인 일과로 모두가 잠들어 있을 새벽 시간에 정성을 다하여 문구 하나하나 새기어 염송하면서 중생들을 위하여 발원하며 참회하며 회향하는 예불과 기도를 마치고 방에 들어오는 시간이 4시 40분.

핸드드립으로 내려서 원두커피 한잔하는 시간입니다. 살아서 일어났다는 데 감사드리고 공식적인 첫 일과를 원만 회향했다는 데 감사한 마음과 환희심이 일어납니다. 손수 목탁과 요령을 쥐고 일체중생을 위하여 기도할 수 있었던 인연과 건강에 감사드리고 그 공덕으로 일용함에 부족함이 없고 더 나아가 법공양으로 회향할 수 있는 인연에 감사합니다.

5시. 새벽 일과가 다 안 끝났습니다.
마지막으로 꿩들의 찬탄을 받아 가며 자비관 수행할 시간입니다.

서로를 위하여

스포츠에는 별로 관심이 없는데, 손흥민 선수 덕분에 유튜브로 축구를 보고 모르는 용어는 검색하면서 즐기고 있습니다.

야구가 정적이라면 축구는 동적입니다. 불교식으로 해석하면 야구는 위파사나 수행이고 축구는 사마타 수행입니다. 빠른 공수攻守, 거기에 따르는 폭발적인 에너지, 재미로 친다면 돈오頓悟적이며 사마타 기질이 있는 축구에 더 흥미가 있습니다.

얼마 전 유튜브에 토트넘 수비수의 인터뷰가 나왔습니다. 수비수는 다음과 같이 말하더군요. "서로를 위하여 열심히 뛴다." 참 의미 있는 말입니다.

불교식으로 이야기하면 자리이타自利利他입니다. 부언하자면, 공격은 수비수의 발끝에서부터 시작된다고 합니다. 수비수는 상대편 공격수가 질풍같이 몰고 오는 공을 온몸으로 방어하며 공을 낚아채어 흔히 말하는 택배 업자 미드필드에게 넘겨주고, 미드필드는 적당한 공격수에게 공을 공급해주는 것이 대체로의 흐름입니다. 유능한 미드필드는 정확히 공을 공급하고 유능한 공격수는 공을 받을 만한 자리에 있고 기회가 찾아왔을 때 놓치지 않습니다.

제가 보았을 적에는 수비수들은 보살菩薩입니다. 온갖 굳은 일은 다하는데, 조명은 공격수가 받지요. 사실 공격수가 한 골을 넣어도 그 속에는 그라운드에 있었던 열한 명의 선수가 모두 관여한 것입니다. 이런 사실을 잘 알기에 공격수 또한 "패스가 좋아서 골을 넣었다", "팀이 열심히 뛰어주었다", "우리는 포기하지 않았다" 등으로 '나'를 지우고 공을 팀으로 돌리는 것입니다.

도道는 절집에만 있는 것이 아닙니다.

"서로를 위하여 열심히 뛴다"는 말은 출가 사문식으로 "서로를 위하여 열심히 살아주어야 한다"로 해석할 수 있습니다.

정법正法이 쇠해지는 시대에 각자 인연터에서 포교이든 행정이든 수행이든 서로를 위하여, 승가를 위하여 정법을 위하여 열심히 잘 살아주어야 합니다. 서로를 해하는 행위보다는 공을 승가로 돌리는 기본이 있어야 한다는 생각입니다. 아, 이것이 그렇게 어려운 모양입니다.

관세음보살

관세음보살님이 아미타불을 정대하고
천 개의 손과 천 개의 눈으로
일체중생의 고통을 어루만져주듯이

저 또한 관세음보살님의 마음 따라
때 묻은 입과 마음이지만
항상 "나무아미타불"을 칭념하면서

서원을 세웠습니다.

"일체중생의 고통을 다 거두어주겠습니다."

이 서원은 금생만의 서원이 아니라
전생부터 있었던 서원이며
다음 생에도 이어질 서원입니다.

서원이 증명되려면 다겁생이 필요하지만
언제인가는 증명할 날이 있을 것입니다.

나무아미타불 관세음보살

태어난 날보다 더 중요한 날

얼마 전 저녁에 "생일을 축하합니다" 하는 문자 메시지가 왔습니다. "엉, 잘못 왔나?" 하고 의아해하며 다시 확인하니 속가 누님이 보내신 메시지였습니다. "내 생일이 언제지?" 하고 확인하니 그다음 날입니다.

출가 사문에게 생일은 별 의미가 없지만 누님은 해마다 문자를 주며 알려주시길, 사문이라 해도 태어난 날은 알고 있어야 한다는 지론입니다.

제가 사바세계 와서 몇 가지 인연 없는 것 중의 하나가 생일입니다. 어려서는 요즘 말로 흙수저 쥐고 태어나 끼니를 걱정하는 집인지라 생일은 의미 없었고, 서울 올라와서는 홀로 객지 생활하다보니 별 의미 없이 살았고 절집에서는 생일이라는 문화가 없지요. 송광사 큰 절에서 육 년을 살면서도 누구 생일이라는 소리는 못 들어보았습니다.

은사 스님께서도 백장암에 계실 적에 상좌와 신도님들이 환갑날 상 차린다고 분주하니 당신께서는 말씀은 못 하시고 아침에 슬그머니 나가 바닷가에 계시다가 저녁 깜깜해서야 돌아오셨다고 합니다. 생신이 12월인데 추운 바닷가에서 하루 종일 보내느라 고생하셨으니 그 후로는 누구도 생신 이야기를 못 꺼냈다고 합니다.

사실 태어난 날이 중요한 것이 아니라 죽는 날이 더 중요합니다. 죽는 날을 알아야 방 청소라도 하고 가는데, 죽는 날도 모르고 덤벙거리며 살다가 말년에 병고에 시달리고 뒷정리도 못 하고 떠나는 것을 자주 보지 않았습니까?

집착과 망상이 다 떨어져야 가는 날을 아는 법이니, 한눈팔지 않고 정진하는 것 외에는 방법이 없는 것 같습니다.

초심 시절 객으로 경남에 있는 절에 갔는데 부도탑과 비가 있어

읽어보았습니다. 1960년대 세운 한문과 한글 혼용이라 읽을 만하던데, 내용은 여기 계신 스님께서 주지 소임 보면서 늘 "나무아미타불"을 하셨다고 합니다. 당신께서 불사 도중 곧 사바세계를 떠난다고 하면서 주변 정리를 다 하고 원적하셨는데 화장터에서 사리 여덟 과가 나와서 신도님들이 정성을 모아 탑과 비를 세웠다고 기록이 되어 있습니다.

그 후 그 절에 도반 스님이 총무 소임을 보고 있어 객으로 갔더니 부도탑 주변에 속인들이 있었습니다. 총무 스님에게 물어보니 부도탑 주인 스님의 후손이라고 합니다. 당시는 대처비구 시절이라 가정을 가졌고 그날이 제삿날이라 후손들이 오셨다고 합니다. 일 년에 한 번씩은 꼭 오며, 지나가는 말로 그 스님은 참 잘 사신 분이라는 이야기를 들었다고 합니다.

사실 가정이 있고 없고가 문제가 되는 것이 아니라 얼마나 '진실하게 살았는가'가 중요합니다.

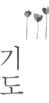

기도

　다시 백일기도를 시작했습니다. 예전에 혼자서 토굴에 살 적의 일과나 지금 일과나 다른 것은 없습니다. 다만 타이틀만 백일기도, 천일기도 할 뿐입니다. 이번에 오천일기도 끝나고 휴가로 여드레 동안 육지에 다녀온 후에도 변함없는 하루를 보냈고 다시 '백일기도 시작' 하고 시작하는 것입니다.

　이렇게 백일기도 동참금도 받아 시작하면 저 자신도 약속을 지키기 위해 나태함을 벗어나 정진에 매진할 수 있습니다. 그리고 동참금은 기본적인 생활비에 사용하고 남는 것은 법공양으로 회향합니다. 절에서 시주금을 가장 가치 있게 사용하는 것이 법공양이라고 생각합니다. 책을 만들어놓으면 언젠가 보는 사람이 있고 신심을 일으키는 사람도 있을 것이라는 소신입니다.

재물로써 가장 가치 있는 것이 법공양이라면 마음으로써 가장 가치 있는 삶이 이웃을 위한 기도입니다. 이웃의 범위가 나 자신을 포함한 '생명을 가진 모든 중생', 즉 일체중생을 위한 기도입니다. 특히 고통받는 이들을 위한 기도가 자신의 업을 가장 빨리 녹이고 고통받는 이의 업을 녹여줄 수 있습니다. 언제 증명할지는 저도 모르지만 법당에서 서거나 앉거나 서원을 세웁니다.

"일체중생의 고통을 다 거두어주겠습니다."
"저의 티끌만 한 수행공덕이라도 일체중생의 행복으로 회향되기를 발원합니다."

용맹정진은 못 하더라도 절 지키고 있으면서 마당에 풀도 뽑고 틈틈이 정진하면서 포기하지 않고 생명이 다할 때까지 한다는 것입니다. 이런 면에는 저 자신이 고맙고 알게 모르게 무주선원에 단월이 되어주신 분들께 감사드릴 뿐입니다.

나
를

비
우
는

것

나를 비우는 것이 기도입니다.

이웃을 위하여 기도하는 것이
나를 비우는 것이며
복과 지혜를 구족합니다.

어렵고 힘든 이웃을 위하여 기도하는 것이

나를 온전히 비울 수 있으며
무량한 복과 지혜를 구족합니다.

망상 하나, 망상 둘

　이십대에 들어 문득문득 깊은 의식 속에서 '홀로 산속에 들어가 농사지으며 도 닦고 싶다'는 생각이 올라왔습니다. 아마 전생에 그렇게 살았을 것입니다. 이번 생에도 그렇게 살 운명이자 팔자입니다. 그러나 산중에 들어가 홀로 농사지으면 수행하기에는 많은 망상이 눈앞을 가리니, 망상이 온전히 털어져야 수행할 수 있습니다.

　여러 종교를 섭렵한 이십대 후반에 조계사를 들락거렸습니다. 하루는 청년회 회식 자리에서 "난 언젠가 출가할 거야"라고 말하니 이를 들은 법우가 "형! 출가하려면 일주일 안에 가던지 한두 달 안에 가야지 언제인가 하면 출가 못 해"라고 했지요.

털어야 할 망상이 남아 있기에 이후 십여 년을 더 그렇게 처사의 몸으로 살았습니다. 그러다 시절인연이 도래한 어느 날, 꽉 막힌 세곡동 사거리에서 신호를 기다리는 중에 저 깊은 의식 속에서 일체중생에 대한 연민심이 올라왔습니다. 그다음 날부터는 어제가 오늘이 아닌 새로운 세상이었고 생업이었던 꽃 농장을 정리하기 시작하며 출가했습니다.

출가 이후에는 뒤를 돌아본 적이 없습니다. 은사 스님을 만난 인연으로 처사 시절 염송하던 "옴마니밧메훔"을 놓고 "나무아미타불"을 외우기 시작했습니다. 그리고 세곡동 사거리에서 경험한 연민심을 증명하기 위해서 아직까지 자비관을 합니다. 아직 털어야 할 망상이 많기에 증명을 못 하지마는 망상이 많더라도 포기는 하지 않는 것입니다.

망상 하나 털고 나면 새로운 망상이 일어나고 반복하면서 강과 산을 넘어 다니며 세월은 가는 것입니다. 어른 스님이 말씀하셨던 "시작은 있는데 끝이 없는 공부"라는 것입니다. 아무것도 아닌 것 같지만 망상을 하나 터는 데는 일생도 부족합니다.

초심 때 보았던 한 사문, 지금 보아도 곡차와 도끼나물*이 여전하여 한생을 절집에 있어도 술과 고기 망상을 못 텁니다. 또 다른 한 사문은 천 일을 기도해도 향 마지를 못 끊었다고 고백하는데 식계食戒도 이 정도인데 다겁생의 삼독심이야 오죽합니까? 생각대로 쉽게 된다면 하늘에 별처럼 아라한이 많을 것입니다.

꿈에 그리던 산중 토굴에서 아미타불과 함께 자고 일어나던 시절이 있었습니다. 이 좋은 공부, 행복한 공부를 혼자 즐기기에는 미안하니 '더불어 공부하자'는 망상이 인 후 오십만 원 주고 산 중고차에 묘목을 가득 싣고 제주도 자성원에 내려온 것입니다. 이것 또한 부질없는 망상이라는 것을 깨닫는 데는 오랜 세월이 필요했습니다.

이제는 혼자서 법당에서 살고 마당에서 사는 것이 당연하며 내 공부 증명하고 싶다는 마음뿐이어서 어쩌다 찾아오시는 분 있으면 차 공양 대접해드리고 지냅니다. 사바세계에 와서 다른 이 살림살이에 입 댈 것은 없고 '나답게 살다' 가면 비구승답게 살다 가는 것이고, 이제는 저 자신에게 속고 살 것 같지는 않습니다.

아무튼 그 옛날 젊은 시절에 그리던 산중에 농사지으면 홀로 도닦겠다는 인연은 거의 온 것 같습니다. 그때가 언제인지 지도 모르

* 절에서 쇠고기 따위의 육류를 이르는 말

고 그 인연 터가 다시 제주도가 될지, 육지가 될지, 아님 이 자리인
지 부처님만이 알 것 같습니다.

배고픔 속의 신심

6·25 전쟁 통에 절집은 대부분 불탔고 대중은 흩어졌습니다. 전쟁이 끝나고 뒤 속세가 춥고 배고팠듯이 절집에서도 춥고 배고팠다고 합니다. 제 은사 스님이신 청화 큰스님께서는 삼십대에 잠시 태안사 주지 소임을 본 적이 있었는데 스님께서 삼십대일 때면 1960년대 초쯤일 것입니다. 그 시절 춘궁기는 참으로 고달팠는데, 봄이면 대나무 칼을 들고 산과 들로 다니며 쑥을 캐다가 밀가루 풀어 죽을 쑤어 먹으며 연명했던 시절입니다.

당시 태안사 후원에 젊은 대중 스님이 여럿이 계셨습니다. 한날은 능파각 밑, 물웅덩이에 피라미가 가득한 것을 본 배고픈 젊은 대중이 이를 걷어다가 후원 가마솥에 밀가루를 풀어 끓였습니다. 당시 가장 나이 어린 사미 스님이 후원 앞에서 망을 보았지요.

물고기 끓이는 냄새가 온 도량에 퍼져나가자 주지채에 계시던 큰스님께서 얼마나 급했는지 담장을 훌쩍 뛰어넘어 내려오셨는데, 그것을 본 대중은 놀라서 다 도망가고 망보던 사미 스님도 도망갔다가 저녁에 모른 척하고 절로 돌아왔습니다. 그때 도망간 젊은 대중 여럿은 그 길로 절집에 돌아오지 않았다고 합니다.

은사 스님께서도 사미승마저 도망갈까 봐 아무 소리 안 하다가 일주일이 지난 뒤에 사미 스님에게 "절에서 아무리 배고파도 그러는 것은 아니다" 하시고는 더 이상 이야기가 없었다고 합니다.

쌀이 떨어지면 수행에 집중해야 하는 결제 중에라도 대중 스님들이 탁발을 나가서 식량을 구해와야 하니, 정진을 위해 얼마간 앉아 있는 시간이 얼마나 오롯하고 간절했겠습니까.

배고픔 속에서 간절한 도심道心이 나오는 것인데……

모든 것이 풍요한 요즘, 어려운 시절의 어른 스님들의 간절한 신심을 다시 한번 생각합니다.

새벽 정진

새벽에 일어남을 전 기적이라고 표현합니다. 살아서 일어난 기적을 부처님 전에 나아가 회향하고자 하는 것입니다.

가사 장삼을 수하고 3시 30분에 간단한 도량석으로 일과를 시작, 이어 종성鐘聲 일과 시작의 첫 마디가 "원차종성변법계······"로 종소리를 듣는 모든 중생이 고통의 여의고 성불하기를 발원하는 것으로 시작합니다. 종성 자체만으로도 대단한 기도문이며 어른 스님이 말씀하시기를 종송할 적에 많은 영가가 천도된다고 합니다.

이어 자비경과 다라니를 독송하고 "나무아미타불"을 정근하는데 이 새벽 시간에 목탁을 쥐고 "나무아미타불"을 정근하는 흔치 않은 인연에 가슴이 벅찹니다. 마지막 축원까지 하고 나면 4시 35분. 다시 방에 들어와 공식적인 일과 가운데 첫 번째 일과를 원만 회향한 자신에 대한 고마움을 차 한 잔으로 회향합니다.

5시, 법당에 관세음보살님을 증명 법사로 모시고 다리를 포개고 허리를 곧추세우며 좌선에 들어갑니다. 나만의 독특한 자비관 수행입니다. 먼저 가까이에 있는 고통받고 어려운 이들을 위하여 마음을 일으키고 범위를 넓혀나가 육지에 있는 이들의 고통을 기꺼이 받아들여 나의 자비심을 넣어주는 것, 마지막 회향은 마음의 팔과 가슴으로 일체중생을 감싸면서 "일체중생의 고통을 다 거두어주겠습니다"라는 원력과 함께 자비심을 온 우주에 방사합니다.

어둠이 가시면 홀로 정진한 것이 아님을 증명하듯 도량에 꿩과 온갖 새들의 찬탄 소리가 가득합니다. 어느덧 두 시간의 새벽 정진은 끝나고 만족감, 행복감, 부드러움, 환희심, 자비심으로 하루를 시작합니다.

해야 할 일을 밖에서 찾을 것은 없습니다. 밖에 나갈 일은 되도록 줄이고 만들지도 않고 법당과 마당을 오가며 일행삼매를 닦아나갑니다. 수행하여 얻는 행복감, 환희심에는 그늘이 없습니다. 수행의 공덕은 몸과 마음을 가볍게 합니다. 몸은 가벼워서 부지런하고, 집착과 욕심이 털어지어 마음은 가볍고, 집착과 욕심이 털어진 그 자리는 긍정과 자비심만 가득합니다.

증명證明까지, 미세망념까지 털어내기는 끝이 없는 길, 그러나 하루를 원만히 회향하고 그 하루가 모여 일 년, 십 년…… 목숨이 다할 때까지 지어갈 뿐입니다.

명절날

관상에서는 눈을 자신으로 보고 눈썹은 외호 세력, 즉 부모 형제와 일가친척으로 봅니다. 그래서 눈썹이 길게 나간 사람은 부모 형제, 일가친척의 덕이 많다고 보고 반대로 눈썹이 짧으면 부모 형제의 인연이 없다고 봅니다. '중 눈썹'이라고도 해서 스님들에게 많다고 합니다.

제 관상을 보아도 겁이 없다는 작은 눈과 절반 정도 되는 짧은 눈썹, 거기에 목소리에 쇠까지 있으니 전형적인 독고다이 수행승입니다.

현재는 전생의 그림자이며 전생의 습관, 업입니다. 다시 말하면 현재의 모습이 전생의 모습이며 다음 생의 모습입니다. 여러 생을 비구승으로 살아왔기에 현재에도 이렇게 삭발염의하고 부처님 명호로 일과로 보내는 저 자신이 고맙습니다.

사바세계 와서 삭발염의하는 인연도 바늘구멍이지만 삭발염의하고 정진에 마음을 두는 것도 바늘구멍이며 정진하여 마음을 증명하는 것도 다겁생의 인연입니다. 바늘구멍을 통과하여 삭발염의하여도 전생의 업이 가지가지라 살아가는 모습 또한 가지가지입니다. 나의 기준으로 다양한 업을 일일이 입 댈 수는 없고, 다만 나의 업대로 부처님만 바라보고 가면 더 이상은 없는 것 같습니다.

사실 실낱같은 인연이라도 없으면 "나무아미타불" 열 번 하기도 힘든 것이고 잠시라도 다리를 포개고 앉아 있지를 못하는 것이니 20분의 부처님 명호 염송이나 20분의 좌선은 참 귀한 인연이며 귀한 시간입니다.

관상대로는 살아온 것 같습니다. 일찍 양친 부모를 여읜 청복淸福으로 어린 시절부터 손수 손빨래해가며 연탄불에 냄비 밥 지어 먹으며 명절이나 생일도 모르고 세상을 겁 없이 살았고, 이 공덕으

로 현재의 본연 스님이 있는 것이니 명절날, 새삼 가난이라는 것을
일러주고 홀로서기를 일러주신 부모님의 은혜에 눈물이 납니다.

행복
찾기

마음
안에서

마음 밖에서 행복을 찾으면 항상 목이 마르듯이
끝없는 갈애심渴愛心만 일어날 뿐입니다.

그러나 마음 안에서 행복을 찾으면
나날이 행복은 깊어집니다.

마음 안에서 찾는 행복이 수행입니다.

"나무아미타불" 한 번 칭념은 미세한 행복 바이러스며
한 번의 들숨과 날숨에 실어
이웃을 위하여 마음을 일으키는 것은 한 방울의
행복 감로수입니다.

도량에서 검질매면서 꽃나무에 물 주면서
관세음보살님의 마음으로 "나무아미타불" 또렷이 염송합니다.
나무아미타불, 나무아미타불, 나무아미타불

공항에 오가는 분주한 분들
마음을 열고 어미 닭이 알을 품듯이
관세음보살님의 마음으로 오가는 많은 이들을 품으면서
"이들의 고통을 여의고 행복하시길."

후폭풍으로 밀려오는 것은 유연선심柔軟善心.
행복감, 만족감, 부드러움, 공경심입니다.

누구나 행주좌와行住坐臥에 할 수 있는 행복 공부입니다.
물도 사 먹는 세상, 한 푼도 안 쓰고 얻는 행복한 공부입니다.

4장

일체중생의

—

모든 고통을 제가 다

—

거두어주겠습니다

수행이 가장 행복한 공부이며
그늘이 없는 공부입니다.
그러나 수행을 하더라도 법희선열을 느끼려면
마음을 비우는 수행을 해야 합니다.

부처님 법에 인연을 맺고 좌선을 하든 염불을 하든 진언을 하든 간경을 하든 한고비를 넘겨 첫 번째 성취하는 것을 법희선열法喜禪悅이라 합니다. 수행하면서 눈곱만치라도 법희선열을 느꼈으면 밖이든 안이든 삶에 변화가 생깁니다.

굳이 재물과 권력을 쫓아다니지 않고도 청정한 행복을 누리게 됩니다. 말 그대로 눈곱만치의 법희선열이 사바세계의 이성異性적

즐거움, 권력의 즐거움, 재물의 즐거움을 능가한다는 것입니다. 매일 뉴스에 이성 관계, 권력, 재물의 무상함과 과보를 보여주고 있지 않습니까.

큰스님께서도 말씀하셨지만 수행이 가장 행복한 공부이며 그늘이 없는 공부입니다. 그러나 수행을 하더라도 법희선열을 느끼려면 마음을 비우는 수행을 해야 합니다. 마음이 비워지고 빈자리에 자비심이 채워져야 나날이 몸과 마음은 가벼워지고 법희선열을 느낄 수 있는 것입니다.

나我를 세우는 공부는 나날이 힘들어지고 결국은 포기하게 되지만, 나我를 녹이는 공부는 나날이 행복해집니다.

너와 내가 함께 어렵게 사바세계에 왔는데 끝이 뻔히 보이는 것에 골몰하고 세월을 보내기에는 너무 아깝지 않습니까?

박복한 삶

보시의 반대가 인색이고 무아無我의 반대가 아집입니다. 수행이 아니더라도 살아가면서 재물에 헐떡거리지 않고 이웃에 마음이 넉넉하며 나보다도 공익을 생각하는 분들은 보기도 좋습니다. 박복한 삶이란 인색함, 아집에 물들어 자기 생각만 하고 사는 것을 말합니다. 이런 분들이 사바세계를 오염시키는 것입니다.

처사 시절 기르던 개를 때려서 불구를 만든 노인을 보고 '짐승을 학대하는 것도 과보가 있는데' 하는 안타까운 마음이 들었습니다. 집에서 기르던 가축을 즐겨 잡아먹던 분은 지금 거지 수준으로 망했다는 풍문도 들립니다.

초심 시절 어느 말사에서 기도하며 지냈는데 주지 스님이 말 그대로 있는 사람에게는 한없이 자비롭지만 객승이나 공양주, 절에서 일하는 처사님들께는 모질게 대하는 것을 보고 속으로 '말년에 고생 좀 할 것이다' 생각했는데 세월이 흘러 지금 들리는 풍문에 의하면 풍 맞아서 몸이 불편하다고 합니다.

가진 것이 많을수록 박복함에 물들기 쉽습니다. 제일 무상한 것이 권력과 재물이건만, 무상한 것을 오래 간직하려고 애쓰다 보면 박복함에 물들고 결국은 더 쉽게 무너지고 흩어지는 것입니다.

승속僧俗을 떠나 이름이나 가진 것과 상관없이 이기심으로 살면 박복한 삶이며 그 마지막은 불행으로 끝나지만, 이타심으로 살면 복혜쌍수의 행복한 삶입니다.

인과는 뚜렷하고 모든 중생에게 공평합니다. 지은 대로 받는 인과가 뚜렷한데 누구를 탓하겠습니까?

부처님 공부가 무아를 사유하고 보시와 자비심을 일깨우는 것이지만 현실은 멀게 느껴집니다.

아, 저나 잘 살피며 살지요.

자업자득

바람결에 예전에 반연 있던 분들이 말년이 되어 고생한다는 이
야기를 들었습니다. 절집도 인과는 뚜렷합니다. '스스로 짓고 스스
로 받는 자업자득'이 만고의 진리입니다.

안이나 밖이나 박복한 삶에는 박복한 말년이 기다리고 있고,
후덕한 삶에는 후덕한 말년이 기다리고 있는 것입니다. 문제는 하
루를 편하게 보내고 편한 것만 추구하다 보니 이것이 박복한 삶인

줄도 모르고 박복함이 쌓여서 말년에 박복한 삶이 되는 것입니다.

수행의 첫 번째 덕목이 보시와 계행 청정입니다. 마음으로 베풀든 몸으로 베풀든 재물로 베풀든 이기심을 놓고 이타심을 기르며 행위를 바르게 한다면 현재는 힘들더라도 세월이 가면서 주변이 푸근해지는 것이 진리입니다.

그러나 말이 쉽고 생각이 쉬워도 행위에서 받쳐주지를 못하는 것이 다겁생의 습관, 업입니다. 경전에는 자성청정심이라 하여 누구나 불성, 부처님과 똑같은 성품을 지니고 있다고 하지만 현실에서는 결국 타고난 업, 성품으로 산다고 생각합니다. 타고난 거친 업을 바른 업으로 바꾸는 것이 수행인데 생각같이 쉽지 않습니다.

저 자신을 돌이켜 보아도 금생의 수행력으로 이렇게 사는 것이 아니라, 우선 타고난 성품이 부지런하고 성실한 것이 큰 도움이 되었습니다. 여담으로 군 시절 연대에서 두 명 뽑는 모범용사에 뽑혔는데, 연대 병력이면 한 이천 명은 되는데, 그 사람들 중에서 선정된 것입니다. 다들 마지못해서 하는 군대 생활을 얼마나 열심히 살았는지 0.1퍼센트에 들어간 것이지요.

결국은 '업대로 사는 것'인데 "박복하게 산다"고 입을 댄들 돌아오는 것은 억한 감정뿐이고 제가 할 수 있는 것은 그저 묵묵히 제 할 일하는 것뿐입니다. 그래도 어쩌다 저로 인하여 "나무아미타불"

한다는 분이 생기면 그때 가장 보람을 느낍니다.

한 사람의 생각을 바꾸어주거나 인연을 맺어주기가 보통 힘든 일은 아닙니다. 생각을 바꿔주고 인연을 맺어준 것이 일생을 보시한 것과 같은 것입니다.

부처님 명호를 칭명하는 속에는 보시의 공덕, 지계의 공덕, 지혜의 공덕 모두 들어있습니다. 부디 염불 공덕 누리시길 기원합니다.

연꽃의 무상

오늘 연꽃이 무상 법문을 보여주었습니다.
지혜 있는 사람은 작은 것에서도 무상을 느낄 수가 있고,
무지한 사람은 닥치고도 모르는 것입니다.

아침까지 화려한 모습을 보여주던 홍련,
오후 꽃잎은 하나둘 떨어지고 마지막은 씨방만 남을 것입니다.

연꽃에서 보듯이 모든 것이 잠시인데,
그 잠시를 부질없는 것에 매달리고 다투며, 미워하며
이기심으로 살아가는 중생입니다.

잠시 머무르다 가는 사바세계
의미 있게 머무르다 가는 길은
이기심을 버리고 이타심으로
머무르다 가는 일입니다.

부처님 마음을 깨우치기는 너무 짧은 세월 아닙니까?

자비심과 헌신

현실에서 마치 영화를 보여주듯이 감투욕과 재물욕, 성욕에 망한 사람들을 보여주어도 매일 이런 문제들이 끊임없이 생기고 있습니다. 마치 관세음보살님이 매일 지옥에 내려가 지옥을 청소해도 중생들이 눈송이처럼 지옥에 떨어지듯이 말입니다.

군이 수행을 하지 않더라도 이 거친 사바세계에서 버티다 보면 안목이 트여 감투욕, 재물욕, 성욕이 부질없는 망상, 번뇌라는 것을 알고 피해갈 수 있습니다.

우리가 공부하는 이유는 망할 수밖에 없는 부질없는 망상, 번뇌를 털어내고 진정한 행복을 찾자는 것입니다. 사유와 수행을 통하여 부질없는 망상과 번뇌가 소멸한 자리는 자비심과 헌신으로 채워집니다. 염불을 하든 진언을 하든 화두를 하든 수행의 살림살이가 증명되는 것이 자비심과 헌신입니다.

흔히 수행을 스펙 쌓듯 쌓아 대접받으려는 것은 중생으로 시작하여 중생으로 끝나는 공부이고, 나의 수행으로 모든 중생에게 이익이 되겠다 하는 원력은 불보살의 수행입니다.

제가 하는 자비관 수행은 중생의 마음을 바로잡아 자비심을 일으키는 수행입니다. 모든 중생의 고통과 업장을 대신하겠다는 마음과 연민하는 마음을 거짓이라도 일으킨다면, 그 거짓된 마음만으로도 다겁생 동안 잠들어 있는 나의 자비심을 일깨우고 그 마음으로 모든 중생의 업을 녹여줄 수 있는 것입니다.

거짓된 자비심이라도 부단히 반복하여 훈련하면 진실한 자비심과 연민하는 마음이 나오며, 그 한순간의 진실한 자비심이 나와 일체중생을 이익되게 하는 것입니다.

청정한 행복

누리시기를

불교 철학의 근간이 되는 무상을 모르는 사람이 있겠습니까마는, 생각으로는 무상을 알고 말해도 행동을 할 때는 무상을 잊고 사는 것입니다.

사바세계에 가장 무상한 것이 권력이고 그다음이 재물입니다. 지금 뉴스에 등장하는 이야기들은 이 두 가지의 범주에서 벗어나질 않습니다. 권력과 재물은 동전의 양면이며 가장 거친 번뇌입니다.

밖이나 안이나 권력과 재물로 얻는 행복은 잠시이기에 이를 오래 간직하려고 악업을 짓게 되고 그러다 보니 말년이 초라합니다. 앞선 사람들이 수없이 보여주어도 반복해서 일어나는 것이 현실입니다.

기도나 수행을 한다고 해도 자기중심적인 기도나 나를 짊어진 채 하는 수행은 목숨이 다할 때까지 해도 옹색함에서 벗어날 수가 없습니다. 그러나 이웃을 위하여 발원하고 마음을 열고 나를 놓는 수행으로 얻는 행복은 영원하고 끝이 없습니다.

도량에 머무르면서 이웃을 위하여 "나무아미타불" 염불하며 자비관하는 틈틈이 도량 가꾸며 사는 것이 그늘이 없는 청정한 행복이기에 저는 이렇게 지내는 것입니다.

법우님들, 새해는 고통받는 이웃을 위해서 기도하고 마음을 열고 정진하시며 청정한 행복 누리시길 기원합니다.

자
비
관

한적한 곳에서 다리를 포개고 허리를 곧추세우며
천천히 날숨과 들숨을 쉽니다.

천천히 들숨을 쉬면서 마음의 손으로 온 우주를 끌어안으며
일체중생의 고통을 다 거두어주겠습니다.
마치 암탉이 알을 품듯이 온 우주를 마음으로 품으면서
일체중생의 고통을 다 거두어주겠습니다.

천천히 날숨을 쉬며 마음의 빛, 자비심을
낱낱이 온 우주에 방사합니다.

다시 고통받는 중생들을 관상觀想하면서 암탉이 알을 품듯이
마음으로 품으면서 고통을 여의고 행복하시길 바라봅니다.

법당에서 "나무아미타불" 수희찬탄하면서
무량수불, 무량광불의 한량없는 생명의 빛,
자비의 빛을 방사하면서 "나무아미타불"
아미타불의 한량없는 생명의 빛 자비의 빛이 법당을 채우고
마을을 채우고 온 우주를 채우며
땅속 깊숙이 있는 감옥, 지옥에까지
"나무아미타불" 염불이 파고듭니다.

자리를 털고 일어나 사람이 많이 모이는 어느 곳이든
마음의 손으로 끌어안으며 모두가 고통을 여의고 행복하시길.
길을 걸으며, 차 안에서 신호를 대기하는 사거리,
마치 굴착기가 깊숙이 땅을 파듯이 마음의 손으로 땅속 깊숙이
손을 넣어 끌어안으며 일체중생들이 고통을 여의고 행복하시길.

박복한 이, 병든 이, 탐욕에 물들어 있는 이를 듣거나 보거나 하면
암탉이 병아리를 품듯이 마음으로 품으면서
고통을 여의고 행복하시길.

염불과 자비관은 둘이 아니며
마음은 허공과 같기에 마음이 가는 곳은 어디든지
"아미타불"과 연민심이 미칩니다.

태양은 소우주를 비추면서도 그늘이 있지만,
마음의 빛은 삼천대천세계를 비추어도 그늘이 없습니다.

『자비경』에서 자비관 수행을 하는 삶을 고귀한 삶이라고 했습니다. 부처님 당신께서도 자비관 수행을 하셨고 제자들에게 권했으며, 요즘도 상좌부 불교권이나 티베트에서도 많이 하는 수행입니다.

깨달음은 인격의 완성이며 인격의 완성이란 지혜의 완성이고 지혜의 완성은 자비의 완성입니다. 누구나 자비의 화신인 관세음보살님과 똑같은 자비심이 있습니다. 다만 다겁생의 업장에 깊이 매몰되어 있는 것입니다. 그 깊이 매몰되어 있는 자비심을 일깨우고 드러내는 것이 자비관 수행이며 마음 베풀기입니다.

일체중생에 대해서 연민하는 마음을 일으키는 것이 마음 베풀기입니다.
일체중생에 대해서 친절하게 대하는 것이 마음 베풀기입니다.
일체중생에 대해서 정성을 들이는 것이 마음 베풀기입니다.

재물로는 일체중생을 이익되게 할 수 없지만 마음으로는 일체중생을 이익되게 할 수 있습니다. "일체중생의 모든 고통을 제가 다 거두어주겠습니다" 하는 서원이 일체중생을 이익되게 합니다. 마음을 열고 "일체중생이 모두가 고통을 여의고 행복하시길" 하는 마음 베풂이 자신도 행복해지며 일체중생이 행복해지는 길입니다.
저 자신도 때 묻은 마음으로 "일체중생의 모든 고통을 제가 다 거두어주겠습니다" 하고 마음을 일깨우고 있습니다. 때 묻은 마음으로 시작하더라도 결국에는 맑은 마음으로 하게 될 때가 오는 것입니다.
샘도 자주 물을 퍼내면 맑은 물이 나오듯이 연민하는 마음도 자주 일으키면 진실한 연민심이 나오는 것입니다.

서원을 세우다

사바세계는 인욕을 하여야 살 수 있는 곳이라고 합니다.
거친 사바세계에서 마음을 다스리고 살아야
고해를 넘을 수가 있습니다.

마음을 다스리고 서원을 세우는 것이 기도입니다.
세파에 부딪치면서 억한 감정, 감각기관을
잘 제어하면서 마음을 긍정으로 돌리고

연민하는 마음을 일으키며
바른 서원을 세우는 것이 기도입니다.

나무아미타불, 관세음보살, 진언, 절 수행, 경전 독송, 좌선
다 좋은 기도이나 서원을 이웃의 행복에 두어야 합니다.
어렵고 힘든 사람들을 위해서 서원을 세워야 바른 기도이며
이웃을 위한 기도부터 내 업이 녹기 시작하는 것입니다.

자기중심적인 기도와 자신만을 위한 기도는
목숨이 다할 때까지 하여도 중생의 기도입니다.

어렵게 온 사바세계 중생으로 와서 중생으로 가기에는
한생이 아깝지 않습니까?

한 사람을 위해서 기도하면 한 사람이 감응하고
열 사람을 위해서 기도하면 열 사람이 감응하고
천 사람을 위해서 기도하면 천 사람이 감응하고
일체중생을 위해서 기도하면 일체중생이 감응합니다.

마음을 좁게 쓰면 바늘 하나 떨어질 틈이 없지만

넓게 쓰면 삼천대천세계를 감싸고도 남음이 있는 것입니다.

다만 중생이 마음을 어떻게 쓰느냐는 선택일 뿐입니다.

염념상속

지극히 즐거운 세계, 극락세계와 삼매는 동의어입니다. 금타 대화상 법문에 삼매에 들어가는 순간 몸이 자금마색으로 변한다고 하는데 자금마색, 즉 보라색은 인간이 가장 즐거울 적에 변하는 얼굴색이라고 합니다. 이런 삼매를 얻어야 다겁생의 삼독심 뿌리를 뽑고 삼매공덕으로 일체중생을 제도할 수 있는 것입니다. 한마디로 삼독심의 뿌리를 뽑아야 깨달았다 하는 것입니다.

어느 분은 삼매를 경험하고 고질병이던 비염이 완치되었고 어느 분은 강원도 토굴에서 삼매를 경험하고 그 즐거움에 부산까지 춤추며 내려갔다는 말도 있습니다.

진언을 하든 염불을 하든 화두를 참구하든, 타성일편打成一片되어서 염념상속念念相續이 되어야 삼매에 들 수 있습니다. 염불이 가장 삼매에 들기 쉽고 삼매 가운데 제일이라 하여 보왕삼매寶王三昧라 하는데, 『금강심론』에 "아침에 '관세음보살' 하라. 저녁에 '관세음보살' 하라 세월이 가면 간격 없는 한 덩어리가 된다"는 글이 있습니다.

일주일을 앉거나 서거나 오로지 부처님을 생각하고 부처님 명호를 염하면 부처님이 눈앞에 나타난다는 반주삼매般舟三昧나 일행삼매 모두 염념상속과 같은 뜻이며, 옛글에 염념상속이 되면 시절인연만 기다리면 된다고 했습니다.

어느 분은 아침저녁으로 "관세음보살" 염송 삼 년 만에 타성일편이 되었고 그 후 삼 년을 물만 마셔가며 염송하여 삼매를 성취했다고 합니다.

울력하면서도 운전하면서도 의식이 있는 한은 염념상속하려고 애는 쓰고 있습니다. 그러나 여기서 한 단계 더 올라 먹고 잠자는 것도 잊고 할 정도로 염념상속이 되어야 하는데 이것이 힘든 것입니다.

아, 언제나 먹고 잠자는 것도 잊고 염불할까요. 아마 부처님만
이 아시겠지요.

스스로 깨닫는 공부

승찬 대사의 『신심명』 첫 구절에 "지도무난至道無難 유혐간택唯嫌揀擇, 도는 어렵지 않다. 다만 분별하지 말라" 하시며 수행자의 첫 번째 덕목을 분별 시비하지 말라고 권하고 있습니다.

뱀과 용이 어울려 사는 곳이 절집이라고 하니 옛부터 절집에 시비가 많았다는 뜻입니다. 현재도 똑같습니다. 부처님 제자라고 삭발염의는 했으나 밤새 놀음하는 사문이 있고 밤새 정진하는 사문도 있는 것이 현실입니다.

부처님 말씀에는 "일체중생이 불성佛性이 있고 성불할 수 있다"고 하지만 돌아보니 현실은 '결국은 타고난 업대로 살다가 간다'는 것입니다. 업이란 다겁생의 잘못된 습관인데, 돈오돈수頓悟頓修*도 가능하지만 현실적으로 한 번의 생에 녹이기는 어렵습니다. 물질적으로 풍요한 시대라 악업에 물들기는 쉬워도 선업에 마음 내기는 힘들다고 생각합니다.

예전에는 큰일만 인연이다 생각이 들었는데 이제는 작은 것 하나도 인연이라는 생각이 듭니다. "머리카락 하나 그냥 넘어가는 것이 없다"란 말이 이해가 됩니다. 이 두 가지 사실만 통찰하면 시비 분별에서 벗어날 수가 있습니다.

유가의 옛글에 "자식에게 집을 물려주면 지키겠느냐, 책을 물려주면 보겠느냐, 나는 다만 음덕만 쌓겠다" 하는 구절이 있습니다. 절집 말로 해석하자면 "건물 불사에 헐떡일 것 없고 수행법에 집착할 것 없고 나는 다만 정업淨業 수행만 하겠다"는 뜻입니다.

인因과 연緣으로 펼쳐지는 사바세계. 각자의 업대로 지어가는

* 단박에 깨치고 단박에 닦는다는 뜻

중생, 여기서 지혜 있는 자의 삶이란 묵묵히 정업 수행을 닦아갈 뿐입니다.

여담으로 맹지盲地땅 싸게 사서 불사한다고 좋아하는 분에게 맹지 땅에 대해서 설명해줘도 아我가 가득하여 받아들이지 못합니다. 본인이 스스로 부딪혀 깨져봐야 알 것입니다. 세상사가 다 그렇지요. 부처님 공부 또한 가르쳐 깨닫는 것이 아니고 스스로 깨닫는 공부입니다.

보리심을 향해

사바세계에 어렵게 와서 짐승의 본능대로 먹고, 짝짓기하고, 싸우고, 탐욕을 앞세우며 살아가기에는 너무 아깝지 않습니까?

가장 인간답게 살아가겠다고 마음을 일으키는 것이 보리심입니다. 보리심은 '아누다라삼막삼보리심'을 줄여서 말하는 것이며 더 줄여서는 발심發心이라고 합니다. 굳이 해석하자면 마음도 등급이 있는데 맨 꼭대기에 있는 마음, 위없는 마음이 '아누다라삼막삼보리심'이며 이를 간략히 말하는 게 보리심, 발심입니다.

"일체중생을 이익되게 하겠다"는 서원도 보리심이며 중생으로서 낼 수 있는 최고의 마음입니다.

부처님 공부하겠다는 분은 안이든 밖이든 마땅히 이 마음을 일으키고 서원을 세워야 합니다.

부처님 공부, 수행은 보리심을 가꾸어가는 것이며 보리심의 완성이 수행의 완성입니다. "화두를 하라", "염불을 하라", "진언을 하라" 하기 전에 먼저 수행에 마음을 일으킨 사람에게 "발보리심 하라"고 일러주어야 합니다.

보리심을 바탕에 두고 화두를 하든 염불을 하든 진언을 하든 인연에 따라 정하면 됩니다. 보리심을 바탕에 둔 수행은 해가 갈수록 복과 지혜가 쌓이며 순수해지고 청정해집니다. 그러나 수행 이력으로 목에 힘이 들어가고 대접받으려 한다면, 수행 이력이나 세월이 얼마나 보냈는지와는 상관없이 도道의 분상에서는 풋내기일 뿐입니다. 일명 졸부 수행자입니다.

'일체중생'에 마음이 버겁습니다.

그래도 일체중생에게 이익되는 마음을 일으키고 널뛰는 마음을 잡아가는 것이 수행이고 방법론이 화두이고 진언이며 염불입니다.

거짓이라도 일체중생을 위해서 한 번 일으킨 마음이 나를 정화하고 사바세계를 정화하며 이 마음이 인因이 되어 성불의 씨앗이 되는 것입니다.

나무아미타불 한고비 넘기며

다겁생의 인연으로 염불 법문을 듣고 신심을 내어 "나무아미타불"을 염송합니다. 고성으로 "나무아미타불"을 칭명 염불하여도 마음과 몸이 뻑뻑합니다.

그러나 한고비 넘기면 가뭄에 갈라진 논바닥 물을 내어 적시듯 박복한 마음, 간탐심慳貪心에 찌든 마음이 녹고, 허공으로 새어 나가기만 하던 "나무아미타불" 염불이 마음을 조금씩 채워가기 시작합니다.

한고비 넘겨 거친 망상은 털어지고 털어진 자리에 용서와 자비심의 싹이 자라 부처님을 마주 보고 부처님의 모습을 마음으로 새기는 관상 염불을 합니다. 다겁생의 죄업에 눈물이 흐르고, 신심은 더욱 복받칩니다. 한 단계 더 올라서 부처님의 자비심을 관상觀想하면서 하는 관상 염불입니다.

그리고 마지막으로, 아미타불이 마음 밖에 있는 것이 아니라 자성自性이 아미타불이며, 부처님의 마음으로 하는 염불, 부처가 부처를 염하는 진여 염불, 자성 염불, 실상實相 염불입니다.

"나무아미타불" 염불을 하면서 온 우주에 무량한 빛을 방사하고 마음을 허공같이 하며 자비심으로 온 우주를 보듬어 안아줍니다. "나무아미타불" 염불 소리가 저 깊은 땅속, 지옥의 중생까지 미치도록 염불을 합니다.

간탐심, 탐욕이 소멸된 자리에는 원력만이 남습니다.

불
보
살
의

마
음

마음의 빛은 청정심이며 자비심입니다.

"일체중생들이 고통을 여의고 행복하십시오."
"나의 수행의 공덕이 일체중생의 행복으로 회향되기를 발원합
니다."
서원이 일체중생, 생명이 있는 모든 존재에게 미치는 것입니다.

일체중생의 모든 고통을 제가 다 거두어주겠습니다

자비심의 반대인 간탐심은
업장에 가려 못 느낄 뿐이지
일체중생을 불편하게 하는 것입니다.
일체중생을 불편하게 하면서 성취될 것은 아무것도 없습니다.

수행이란 중생의 마음, 간탐심을 녹이고
불, 보살의 마음, 자비심을 증장시키는 것입니다.

"나무아미타불."
"관세음보살."

부처님 명호를 염송하는 것이
간탐심을 녹이며
불보살의 마음을 닮아가는 길입니다.

정혜쌍수

효봉 큰스님께서 송광사 삼일암에 주석하시면서 경전과 보조 국사의 어록을 열람하시고 말씀하시기를, 한국 불교는 정定은 있는데 혜慧가 없다. 보조 국사의 정혜쌍수定慧雙修를 선양해야 한다고 하셨습니다.

우리가 공부하는 것이 계戒정定혜慧 삼학입니다. 이 삼학의 계와 정을 묶어 정定이라 하여 정혜쌍수, 정과 혜를 마치 새가 두 날개로 비상하듯이 균등하게 수행하라는 뜻입니다. 수행자는 계행戒行이

몸에 배는 것이 기본입니다. 그리고 집중 수행하여 지혜를 드러내는데 지혜의 속성이 밝음, 평등심, 자비심이며 특히 지혜와 자비심은 같은 말입니다.

화두가 중요한 것도 아니고 염불이 중요한 것도 아닙니다. 어떠한 수행을 하든 마지막은 삼독심의 뿌리를 뽑고 지혜로써 증명해야 합니다. 그러니 마음으로 깨달은 것이 있다면 행위로 보여주어야 합니다. 여기서의 행위란 계행, 자비심, 겸손, 헌신 등을 뜻합니다. 세속에서 학벌과 인격이 정비례하지 않듯이 절집에서도 수행 이력과 지혜가 정비례하지 않는 것을 종종 볼 수가 있습니다.

지혜, 자비심이 동반하지 않는 수행은 아무런 의미가 없으며 흔한 말로 졸부 수행자가 되는 것입니다. 그러나 사람마다 기질이 달라 정定, 집중이 뛰어나신 분이 있고 혜慧, 관찰이 뛰어나신 분이 있습니다. 경전에는 없지만 경험상 행자 때의 모습이 평생 가는 모습을 많이 보는데, 이번 생에 '타고난 기질, 습관, 버릇'은 닦는다고 닦아지는 것은 아니라는 생각이 듭니다. 또한 탐욕에서 자유로울 수 있는 비구의 삶임에도 가끔 탐욕이 치성한 졸부 비구를 보면 탐욕의 뿌리는 한 번의 생에서 나오는 것이 아니라 다겁생의 습관, 업이라는 생각입니다.

멀고 먼 길, 저 자신도 부족함이 많고 허물 많은 중생입니다. 최선의 방법은 실낱같은 원력이라도 세우고 이 원력을 키워나가며 포기하지 않는 것입니다.

금강심론 이야기

금타 대화상의 행적은 잘 알려져 있지 않습니다. 금타 대화상의 속가 아드님이신 법능 스님이 정리한 『벽산 약기』뿐입니다. 전해지는 말로는 선정에 든 금타 스님이 주판으로 계산하여 불러주면 어린 법능 스님이 무릎을 꿇고 받아쓴 것이 『우주의 본질과 형량』이며, 또한 필사본 『수릉엄삼매도결』의 가장 마지막에 등장하는 성기 스님도 법능 스님인데, 역시 금타 스님이 불러주는 것을 받아쓰셨다고 합니다.

어렵고 힘든 시절 금타 대화상님의 '깨달음의 세계'를 저술한 책이 등사로, 필사로, 석판인쇄로 소량 출판되었으나 망실되고 잊혀져갔습니다. 그것을 청화 큰스님께서 모아 편잡정리하여 1979년 월출산 상견성암에서 『금강심론』이라 표제를 붙이고 세상에 내놓았을 적에야 비로소 금타 스님이 알려지기 시작했습니다.

큰스님은 1974년도에 경기도 성도원에서 처음으로 번역한 『우주의 본질과 형량』 서문에 '우주의 본질과 형량은 천안天眼이 열리신 분의 안목'이라고 썼습니다. 우주를 육안肉眼의 안목으로 본 것이 아니라 천안의 안목으로 보았기에 현 물리학과는 별개이고 당연히 이해 불가한 것입니다. 범인凡人은 모르는 세계, 깊은 삼매에 들어 우주를 관찰하고 밀교 용어와 물리학 용어를 사용하여 수리數理로써 표현한 것인데 마지막 부분이 『보리방편문』 내용과 일치하니 금타 대화상의 저술은 그 바탕이 보리방편문의 세계라 짐작만 할 뿐입니다.

"심心은 허공虛空과 등等 할새"로 시작하는 『보리방편문』은 금타 스님께서 선정 중에 용수 보살로부터 전수받아 스물하룻날 동안 용맹정진 끝에 대각大覺을 이루었다는 전설의 글입니다. 삼매의 세계는 시간과 공간을 초월합니다. 언제인가 용수 보살의 수행법은 삼신三身을 관觀하는 수행법이었다는 글을 읽고 용수 보살의 전법傳

法은 거짓이 아니라는 생각이 들었습니다.

1943년 출간한 『보리방편문』에서 보리방편문 공부를 어떻게 지어가고 어떠한 과정을 거쳐 마지막 구경각究竟覺*에 오를 것인가를 자세히 저술했습니다. 그러나 스님께서는 보리방편문 수행만 강조하신 것이 아니라 진언을 하든 간경을 하든 참선을 하든 관법을 하든, 경계는 하나이며 인연 따라 수행법을 간택하여 정진하라고 권하고 있습니다. 그리고 마음으로 깨달은 것이 있으면 몸으로 증명하여야 한다고 강조하셨습니다.

개인적으로 금타 대화상님의 저술 가운데 백미를 꼽으라고 한다면 전 「금강삼매송」이라 생각합니다. 1947년 음력 설날 쓰인 것으로, 우리가 어떠한 과정을 거쳐 어떻게 삼매에 들어가는지가 경전에 근거하여 자세히 나와 있는데, 무간정無間定**에 들어갈 적에 온몸이 보라색으로 변하며 여덟 가지 감촉이 일어나면 열 가지 공덕을 구족하게 된다고 합니다.

금타 스님은 시종일관 경전을 근거로 말씀하시고 소승, 대승 밀교의 경전까지 망라하며 밀교 부분은 상당한 안목이 있으십니다.

---

* 보살의 수행이 원만하여 궁극적이고 완전한 깨달음을 얻어 부처가 되는 경지
** 간격 없이 견도見道에 들어가는 선정禪定

젊은 시절 금강산에 가서 밀교를 배웠다는 말도 있습지요. 어느 분은『금강심론』에 감탄하면서 한 번 읽는 것이『팔만대장경』을 읽는 것과 같다고 했습니다.

『금강심론』은 어렵다고들 합니다. 그러나 한 번 읽어본다면 꼭 필요한 문구文句가 남을 것입니다. 자신에게 꼭 필요한 문구 하나만 건져도 위대한 스승의 은혜를 갚는 것입니다.

"마음은 허공과 같을 새 한 조각 구름이나 한 점 그림자도 없이 크고 넓고 끝없는 허공 같은 마음 세계를 관찰하면서 청정법신 비로자나불을 생각하고……."

-『금강심론』「보리방편문」청화 스님 역

청
복

흔히 말하는 복, 유루복有漏福은 끝과 그늘이 있는 복입니다. 분에 넘치는 벼슬 복도 세월이 가면 내려놓아야 하고 놓고 나면 뒷말이 있으며, 재물 복도 재물이 다 떠나는 때가 있고 그로 인한 그늘도 있습니다.

그러나 청복淸福, 수행 복은 끝이 없고 그늘이 없는 말 그대로 맑은 복입니다. 모두가 잠든 새벽에 자리를 털고 일어나 일체중생을 위해서 기도하고 다리를 포개고 허리를 곧추세우고 자비관하는 업은 영혼이 맑은 사람만이 느낄 수 있는 행복과 복입니다.

새벽 정진의 공덕으로 하루일과를 맑은 마음으로 보낼 수 있는 것입니다.

하루를 원만히 회향하여 하루가 백 일, 더 나아가 천 일, 너 나아가 목숨이 다할 때까지 갈 수 있는 것입니다. 수행자의 살림살이는 말에 있는 것이 아니라 행위에 있습니다. 말과 행위가 어긋나면 변사變士일 뿐입니다. 깨달음을 밖으로 세일하러 다닐 일은 없습니다. 밖으로 향하는 마음을 거두어 일과 행위를 반조하며 나갈 적에 다겁생의 업장을 녹일 수가 있는 것입니다. 너와 나의 진정한 행복은 자비심을 일구는 수행뿐입니다

우리는 눈앞에서 매일
세월의 무상함
권력의 무상함
재물의 무상함을
보고 있습니다.

산 좋고 물 좋은 천년 고찰에서 유유자적 정진하면서 일과를 보내면 아무런 문제가 없는데 때 묻은 삼업으로 닭벼슬보다 못한 감

투를 쓰고 후학들에게 짐이 되는 이름뿐인 수행자를 보면 연민하는 마음이 일어납니다.

아, 업이 그러면 할 수 없는 모양입니다.

정토와 자성미타

"나무아미타불" 염불 수행하는 방법은 두 가지가 있습니다.

하나는 순수한 정토 신앙을 따르는 것입니다. 극락세계를 믿고 극락세계 왕생 발원하면서 "나무아미타불"을 염송하면 목숨이 다할 적에 아미타불의 영접을 받고 극락세계에 왕생한다는 신앙 형태입니다. 극락왕생한 이야기는 옛글에도 있고 현재도 종종 있습니다.

자성원 시절, 당시 공양주 노보살님께서 젊은 시절 제주 관음사에서 공양주를 하다가 암에 걸려 수술대에 올랐습니다. 마취를 하자 꿈에 걸망을 멘 스님이 나타나 도량을 구경시켜주는데 연못이며 꽃나무며 그 모양과 내용이 『아미타경』에 나와 있는 극락세계 그대로였습니다. "나무아미타불"도, 『아미타경』도 모르셨을 것 같은데 아무튼 마취에서 깨어난 이후로 아직까지 초롱초롱한 의식으로 건강하게 지내십니다.

또 하나는 '자성미타自性彌陀 유심정토唯心淨土'입니다 중생의 자성이 곧 아미타불이고 마음이 곧 정토임을 의미하는 교리입니다. 고려 시대 나옹 스님이 자신의 여동생에게 보냈던 편지 속에 있다는 글, '아미타불제하방阿彌陀佛在何方 착득심두절막망着得心頭切莫忘 염도염궁무념처念到念窮無念處 육문상방자금광六門常放紫金光'이 대표적인 자성미타의 법문이며 고려 보조 국사의 『염불요문』에도 맨 마지막 염불이 부처가 부처를 염하는 진여 염불이라 합니다.

정토문이나 자성미타나 옳고 그름은 없다고 생각합니다. 저는 개인적 인연으로 정토문보다 자성미타가 더 마음에 닿아 수행할 뿐입니다. 무주선원 카페에는 정토문 법문도 있고 자성미타 법문도 올려져 있습니다. 각자의 인연에 따라 열람하고 버리고 취하면 아무런 문제가 되지 않습니다.

초심 시절에는 신심이 장하여 아무나 붙잡고 "나무아미타불"을 하라고 권했습니다만, 권하여 하는 염불은 삼박 사일로 끝나버리니 본인이 신심을 일으키고 인연이 있어야 합니다. "나무아미타불"은 책에는 없는 글이지만 영혼이 맑은 분만이 칭명할 수 있는 부처님 명호이자 만트라, 진언이라고 생각합니다.

티베트의 수행 관련 글에 따르면 수행은 거푸집에서 찍어내듯이 똑같을 수는 없다고 합니다. 중생의 업은 하늘에 별 만큼이나 다양하니 전생의 그림자에서 벗어나지 않으며 각자의 인연에 따라 정토문이든 자성미타이든 관세음보살이든 진언이든 화두이든 마음에 닿는 것을 선택하여 수행하는 것입니다.

저도 이제는 꾀가 나서 싱겁지만 "천수경에 나와 있는 것 중에 아무거나 좋아하시는 것을 하시면 됩니다"라고 말합니다. 다만 어떠한 수행을 하던 보리심을 지니고 해야 합니다.

정토 염불하시는 옛 어른 스님께서 "보리심을 지니고 염불하라" 하신 법문이 있습니다. 상좌부 불교의 사무량심이나 대승의 보리심도 같은 맥락입니다. 중생의 속성인 탐잔치 삼독심을 녹이는 길은 보리심입니다. 그리하여 생이 다할 적이 진제일체제장애, 모든 업장이 소멸하고 아미타부처님을 뵙고 극락왕생하는 것입니다.

예전에 어른 스님께서 평생을 화두하시다가 말년에 정토문에 귀의, "나무아미타불"을 하셔서 화제가 된 적이 있는데 법法 인연이라는 것이 그런 것 같습니다.

어느 때 어느 계기로 법이 바뀔지는 저도 모르고 부처님만이 아는 것 아니겠습니까. 다만 정성을 다하여 "나무아미타불" 염불 공덕 지어갈 뿐입니다.

대
원

소아小我의 원願을 세우면
소아의 원이 성취하는 것이며

대원大願의 원을 세우면
대원을 성취합니다.

그러나 소아의 원으로는

일체중생의 모든 고통을 제가 다 거두어주겠습니다

중생을 벗어날 수가 없으며
그곳에는 반드시 그늘이 있습니다.

수행의 첫걸음은 대원입니다.
대원으로서 모든 번뇌와 마장을 녹일 수 있습니다.

나의 수행이 일체중생의 행복으로
회향하기를 발원한다면
나와 모든 이가 행복해질 수 있고
더 나아가 비로소 중생의 울타리를 벗어나
불보살님과 함께하는 것입니다.

미
타
행
자
의
—
수
행
한
담

초판 1쇄 발행 2021년 1월 15일
초판 2쇄 발행 2024년 5월 15일

지은이 본연
펴낸이 오세룡
편집 여수령 허승 정연주 손미숙 박성화 윤예지
기획 곽은영 최윤정
본문 디자인 강진영(gang120@naver.com)
          고혜정 김효선 최지혜
홍보·마케팅 정성진

펴낸곳 담앤북스
주소 서울특별시 종로구 새문안로3길 23 경희궁의 아침 4단지 805호
대표전화 02-765-1250(편집부) 02-765-1251(영업부)
전송 02-764-1251
전자우편 dhamenbooks@naver.com

출판등록 제300-2011-115호

ISBN 979-11-6201-264-2 03220

• 이 책은 저작권법에 따라 보호받는 저작물이므로 무단 전재와 복제를 금합니다.
• 이 책 내용의 전부 또는 일부를 이용하려면 반드시 저작권자와 담앤북스의
  서면 동의를 받아야 합니다.

정가 15,000원
ⓒ본연, 2021